HAROLD SHIPMAN

EL DOCTOR MUERTE

AMERICAN
BOOK GROUP

INNOVANT PUBLISHING
SC Trade Center: Av. de Les Corts Catalanes 5-7
08174, Sant Cugat del Vallès, Barcelona, España
© 2026, Innovant Publishing SLU
© 2026, TRIALTEA USA, L.C. d.b.a. AMERICAN BOOK GROUP

Director general: Xavier Ferreres
Director editorial: Pablo Montañez
Director de producción: Xavier Clos

Colaboran en la realización de esta obra colectiva:
Directora de márqueting: Núria Franquesa
Project Manager: Anne de Premonville
Office Assistant: Marina Bernshteyn
Director de arte: Oriol Figueras
Diseño y maquetación: Roger Prior
Edición gráfica: Emma Lladó
Coordinación y edición: Adriana Narváez
Seguimiento de autor: Eduardo Blanco
Redacción: Liliana Prieto
Corrección: Olga Gallego García
Créditos fotográficos: ©PJ photography, Creative Commons (CC)
Attribution Share Alike/(CC BY-SA), Daily Mirror, La Vanguardia,
G. Dawid, Sydney Mills. ©Album/Rue des Archives/Bridgeman
Images, @AP Photo.

ISBN: 9781681659015
Library of Congress: 2021946822

Impreso en Estados Unidos de América
Printed in the United States

Índice

Capítulo 1

«ELLA MURIÓ»

Eva Lyons conoció las buenas épocas de Todmorden, una ciudad de 12.000 habitantes en West Yorkshire, donde vivía con su esposo Dick. Había sido tejedora en una de las grandes fábricas textiles que casi habían desaparecido hacia 1975, como en otros lugares del norte de Inglaterra. Para entonces, los vecinos de Todmorden debían trabajar en las cercanas Manchester, Leeds y Bradford. Pero Eva y Dick, exempleado de otra fábrica, ya estaban jubilados.

Eva fue diagnosticada de cáncer de esófago y el tratamiento ordenado por el Halifax Royal Infirmary estaba dando algunos resultados —le había vuelto a crecer el pelo y había recuperado el apetito—. Sin embargo, el 17 de marzo de 1975 sintió algunas molestias y su esposo Dick llamó al General Practitioner (GP), como se conoce en Inglaterra al doctor de familia o de cabecera. Enseguida, el joven doctor llegó hasta la casa de los Lyons en Keswick Close.

Eran las once de la noche y al día siguiente la mujer iba a festejar sus 70 años. Había estado muy enferma, pero en su familia nadie pensaba en un desenlace inminente, según relataría su nieta Deborah Bartlett, al diario *The Sun* muchos años después. El médico la encontró sentada en la cama con una peluca del National Health Service (NHS), el «Servicio Nacional de Salud» que cubría su falta de cabello, y con una guía intravenosa en una de sus manos. El doctor extrajo una jeringuilla y a través de la guía le aplicó «algo para el dolor», recordaría Dick.

Los hombres conversaron durante unos minutos en la sala y Dick convidó café al doctor, a quien consideraba un «buen hombre» y un «médico maravilloso» que atendía en Todmorden desde 1974. Deborah sabía que sus abuelos confiaban en él. ¿Por qué no iban a hacerlo?

Poco después, regresaron a la habitación donde estaba Eva y, con total tranquilidad, el médico le miró y dijo: «Ella murió». Solo atinó a ofrecerle un sedante para que pudiera dormir, pero

Dick no lo aceptó; prefería mantenerse despierto para llamar a su hija Norma que estaba en Londres y darle la mala nueva.

Mientras Dick se mostraba satisfecho con la actuación del médico, a Norma le llamó la atención que no hubiera realizado ninguna tarea de reanimación y que tampoco hubiera llamado a una ambulancia. Dick, en cambio, llegó a decirle que el médico había ayudado a su esposa a «seguir su propio camino». La cuestión quedó allí, entre la confianza incondicional de Dick y las tenues sospechas de Norma, y el cuerpo de Eva fue cremado.

Varios años antes de este episodio, el 21 de junio de 1963, Vera Brittan había muerto de cáncer de pulmón. En los meses anteriores al deceso, los médicos y las enfermeras solo tenían una manera de calmar el intenso dolor que sufría: inyecciones de morfina. Esto conmocionaba a un joven de 17 años que era testigo del padecimiento de la mujer y, tal vez, de las aplicaciones del poderoso sedante que en los últimos meses había puesto en coma a la paciente.

Pasarían muchos años hasta que la conexión entre ambos episodios saliera a la luz. En 2001, la jueza de la Corte Suprema, Dame Janet Hilary Smith, estableció que Eva Lyons no había muerto debido al cáncer que padecía, sino por una sobredosis de un opiáceo administrada por ese «médico maravilloso». Y describió esta situación:

> «La señora Lyons sufría cáncer terminal cuando Shipman la visitó el 17 de marzo de 1975 y le dio una inyección intravenosa en el dorso de una mano (...). No estoy segura de que la intención de Shipman haya sido la de matar o la de aliviar su dolor, pero pienso, a partir de la prueba, de que permaneció charlando con el señor Lyons hasta el deceso, que intentó que el mismo ocurriera mientras él estuviera allí, durante esa misma noche o al día siguiente. Pienso que probablemente le

dio una dosis de opiáceo, no para calmar el dolor sino para quitarle la vida».

Nadie lo sabía entonces, pero este sería el primero de los 250 homicidios adjudicados al doctor Harold Frederick Shipman, el mayor asesino en serie del Reino Unido. El «Doctor Muerte», como lo bautizó la prensa, encontró en la diamorfina su arma letal preferida. Se trataba de una droga muy similar a la que había recibido Vera Brittan, su querida y sufrida madre, hacía muchos años atrás, cuando él era solo un joven adolescente.

Capítulo 2

¿POR QUÉ?

«Sufría un trastorno espiritual que
trasciende los diagnósticos convencionales
de la medicina, la psicología y la religión.
(Todo) es sobre la maldad.»

RICHARD BADCOCK, psiquiatra que entrevistó
a Harold Shipman en la cárcel, en 1999.

El caso Eva Lyons fue el primero de una larga lista y des-veló un *modus operandi* que se repetiría una y otra vez. Su médico, Harold Frederick Shipman, asesinó a Eva y por lo menos a 218 pacientes hasta el momento de su arresto, el 7 de septiembre de 1998. Sin embargo, la investigación de la jueza Smith concluye que existen decenas de casos sospechosos, y por eso ella misma brinda una cifra aproximada de 250. Tal fue la envergadura de su conducta criminal que nunca se pudo establecer el número exacto de víctimas.

A lo largo de 27 años, el impulso homicida de Shipman pareció incontrolable. En las escenas de sus crímenes, no había signos de violencia ni señales de ataque sexual. Por el contrario, las víctimas mostraban una apariencia serena, como si estuvieran descansando plácidamente; muchas veces sentadas en un sillón y en la seguridad del hogar. Todo esto desafiaba la lógica. ¿Cómo el facultativo idolatrado por muchos de sus pacientes se había convertido en un frenético homicida? ¿Cuáles habían sido las motivaciones para desatar una matanza de alcances tan abrumadores y de modo tan impune que pasó desapercibida durante mucho tiempo?

Nadie podía imaginar que detrás de la bondadosa sonrisa del médico del Condado de Great Manchester se escondieran las malignas intenciones de un criminal. Era un esposo amado y padre de cuatro hijos que lo respetaban. En verdad, todos le adoraban por su integridad y esmerada labor. Si alguien necesitaba su ayuda, sin importar la hora que fuera, Harold Shipman concurría de inmediato, incluso sin cobrar sus honorarios. Esta actitud le permitió convertirse en un médico de cabecera muy solicitado.

Al momento de su detención, el doctor Harold Shipman atendía a más de 3100 pacientes en The Surgery, su consultorio privado en la amigable ciudad de Hyde. Después de su detención, se mostró ofendido por las imputaciones de la policía, además de mostrarse exageradamente afectado y de sentirse incomprendido. Nunca admitió haber cometido los homicidios ni explicó por qué había matado. Hasta el último instante de su vida, Shipman defendió su inocencia, pese a las contundentes pruebas en su contra.

El inquebrantable mutismo creó una nebulosa en torno a sus posibles motivaciones, y lo mismo sucedió con el silencio de su familia. La coincidencia en un único sujeto de personalidades tan opuestas en el rol de médico y asesino generó una paradoja siniestra. Tanto los psiquiatras forenses especializados en elaborar perfiles criminales, como los expertos en psicología y los investigadores, solo consiguieron elaborar conjeturas sobre las razones que habría tenido para matar en semejante escala.

Richard Badcock fue el psicólogo forense que entrevistó a Shipman en 1999, en la cárcel de Strangeways antes del juicio. En un intento de proporcionar a la policía una idea de por qué había asesinado, sostenía la teoría de que un increíble estímulo intelectual había inducido a Shipman a cometer los crímenes. ¿La gratificación?: sentirse poderoso y superior.

No era de extrañar que hasta en el trance de ser juzgado continuara comportándose como un ser excepcional: «Definitivamente no había asesinado por emoción, ni mucho menos. Lo hacía principalmente para tratar de resolver algo dentro de sí mismo, una ansiedad en la que ni siquiera se había permitido pensar», afirmó. También, consideró que se trataba de un caso de «necrofilia», donde no había una obsesión por el sexo, «pero sí por inducir la muerte, controlar y observar el momento en que la vida abandona el cuerpo», según explica el escritor Wensley Clarkson, biógrafo de Shipman, en su libro *The Good Doctor. The Shocking True Story of a Profile Serial Killer*. El doctor Badcock dio un paso más en busca de una respuesta: la presencia de un demonio había movilizado a Shipman a cometer los crímenes. Probablemente, el asesino sufría un desorden espiritual que trascendía los diagnósticos convencionales de la psicología y la medicina, siguiendo el razonamiento del psicoanalista Darian Leader en su libro *What is Madness?*

La interpretación de los expertos en psicología coincidía en parte con el diagnóstico de Badcock: la muerte de su madre, Vera Brittan, habría sido el disparador de sus extrañas conductas. Tal vez Shipman revivía la muerte de su madre en cada crimen que cometía, porque existía una estrecha coincidencia entre la manera de matar y el modo en que ella había sido tratada desde el punto de vista médico. Tal vez, su vocación por la medicina había nacido tras esa dramática pérdida.

Este intento de explicar el *modus operandi* como una repetición continua de las circunstancias de la muerte de su madre, fue cuestionado por Darian Leader. A pesar de resultar una interpretación tentadora, partía del supuesto de que Shipman había sido testigo del deceso de Vera; sin embargo, no existe documentación que lo corrobore. Solo hay comentarios aislados acerca de la agonía que había vivido su madre.

Con una actitud polémica, Darian Leader planteó una nueva hipótesis acerca de las razones del médico asesino. Según su teoría, Shipman padecía una clase de locura silenciosa. En él, demencia y normalidad se manifestaban de manera similar. El análisis de las obsesiones y las manías de su conducta permitía construir su perfil criminal como psicótico.

Innovador en su profesión, con un alto ideal de la medicina y de su desempeño como doctor, Shipman había desarrollado nuevos procedimientos en informática para optimizar la administración de los casos de sus pacientes a fin de evaluar pormenorizadamente la composición de los medicamentos que era preciso suministrar. Necesitaba ser el más destacado de los profesionales de la salud; incluso, su esposa debía dirigirse a él como «doctor Shipman» en muchas ocasiones. Por su naturaleza psicótica, parecía interpretar un personaje ante la sociedad: «Soy un buen médico —solía decir— tengo mi título de la Universidad de Leeds».

El «Doctor Muerte» se veía a sí mismo como un ejemplo de eficiencia que los demás colegas debían copiar. Su espíritu competitivo prevalecía al considerarse el mejor preparado para decidir sobre los tratamientos y cuidar de los pacientes. Creía dirigir un consultorio «ejemplar» y aspiraba a la perfección en cada una de las tareas que llevaba a cabo en su centro de salud. No acostumbraba a delegar responsabilidades, y a veces se lamentaba de tener demasiados pacientes, porque perdía la eficiencia deseada.

Desde el punto de vista de Leader, el ánimo perfeccionista era una consecuencia de la psicosis silenciosa que le dominaba. Una las obsesiones de Shipman eran los medicamentos. Le gustaba recetar medicinas costosas, ya que las consideraba de mejor calidad que las autorizadas por el National Health Service (NHS). Gracias a la falsificación de datos, podía contar con un mayor presupuesto de las autoridades sanitarias para recetar la medicación que pretendía. Para Shipman, la gestión burocrática era una traba y él aseguraba una atención de calidad.

Adicto al asesinato

Ninguno de los psiquiatras forenses convocados por el gobierno británico en la investigación oficial posterior al juicio para dar su testimonio —llamada *The Shipman Inquiry* o «Investigación Shipman»— halló indicios fehacientes de psicosis detrás de su conducta social. Desde su perspectiva, Shipman había demostrado racionalidad y método para llevar a cabo sus crímenes, acompañado de su maletín de médico donde escondía la droga empleada para asesinar.

Según estos especialistas, Shipman había engañado fríamente a sus pacientes al argumentar que era necesario administrarles una medicina o extraerles sangre, y si bien detectaron que sus acciones eran el producto de una mente enferma, no pudieron especificar la índole de su enfermedad. Para Dame Janet Smith, la jueza a cargo de la investigación, las conclusiones de los psiquiatras no dejaban de ser conjeturas. Según ella, la conducta criminal del médico no parecía obedecer a un plan racional ni a una motivación consciente. Desde su punto de vista, Harold Shipman era, simplemente, un adicto al asesinato y un mentiroso empedernido.

Dame Janet Smith sugiere, además, la posibilidad de que tuviera un interés mórbido por la muerte: «Es posible que haya experimentado un "zumbido" de placer al asociarse con la muerte», basándose en el testimonio de la señora Judith Page, asistente del médico, quien recordaba que podía sentir un «zumbido» en sus oídos apenas fallecía un paciente.

Para muchos perfiladores, la omnipotencia de Shipman tendía a esconder un sentimiento profundo de desvalimiento característico de los psicópatas. En apariencia, se trataba de un médico arrogante al que le deleitaba sentir el poder de Dios. No obstante, sus fantasías de grandeza, en realidad, disimulaban un aterrador sentimiento de insignificancia.

Incapaz de establecer relaciones genuinas, se valía de la seducción para que confiaran en él. Mientras se mostraba amable con su paciente, interiormente actuaba como un autómata sin control. Al momento de clavar la aguja en las venas, cruzaba la línea de lo éticamente posible y se sentía con derecho a todo, sin la obligación de cumplir con las mismas leyes que el resto de los seres humanos.

Puede que nunca se sepa la razón de los asesinatos, porque este hombre bien educado, siempre atento a los servicios de caridad, defendió su inocencia hasta el día de su muerte. Resultó ser un maestro del silencio que dejó sin respuesta cada uno de los interrogantes planteados y ejerció su dominio hasta el final, ya que nadie pudo desentrañar quién era verdaderamente.

Para el psicólogo forense David Holmes, director del Forensic Research Group, su rol de médico «fue el factor fundamental que le permitió seguir y seguir, hasta convertirse en el asesino en serie más prolífico de Gran Bretaña». Es necesario adentrarse en sus primeros años de vida para hallar indicios de un desorden de la personalidad surgido en la infancia, mucho antes de que su madre enfermara.

En un barrio obrero

Harold Frederick Shipman nació el 14 de enero de 1946, poco después de concluida la Segunda Guerra Mundial. Su infancia y su juventud transcurrieron en un barrio obrero de la ciudad de Nottingham, próximo al distrito de Sherwood, en el centro este de Inglaterra.

La casa de la familia estaba ubicada en el 163 de Longmead Drive. Era una cómoda vivienda de dos plantas con ladrillos a la vista, que se componía de tres habitaciones, un baño, el patio delantero y un amplio jardín trasero. Formaba parte de un gran edificio central, construido a través de un programa del gobierno para brindar residencia a la clase trabajadora.

Los padres de Fred —así llamaron a Shipman desde pequeño para diferenciarlo del padre, que llevaba su mismo nombre,

En una cómoda vivienda del barrio obrero de Nottingham, se crió Harold Shipman con sus padres y hermanos. Es notable la relación que mantuvo con su madre y la perturbación que sintió cuando enfermó y murió a causa de un cáncer de pulmón.

Harold Frederick— vivían en el vecindario desde 1938. En aquel entonces, Nottingham, la tierra del famoso personaje legendario «Robin Hood», había diversificado su producción industrial y, además de las fábricas de encajes, habían surgido oportunidades de trabajo en la manufactura de bicicletas, la industria del tabaco y en la construcción.

Los Shipman eran un matrimonio muy joven. Harold Frederick (padre) provenía de una familia numerosa inmersa en la pobreza. Acostumbrado a las tareas arduas, conducía un camión de carga Bedford y trabajaba a comisión, moviendo piedras y asfalto para las empresas de la construcción en auge antes de la Segunda Guerra. Su esposa, Vera Brittan, era una mujer pequeña, muy delgada, de ojos oscuros y gestos refinados. Era hija de una madre soltera que se había hecho cargo de su crianza y de los gastos del hogar trabajando como cortadora de cordones de zapatos.

En marzo de 1938 nació Pauline, la primera hija del matrimonio. Meses después, su padre tuvo que marchar al frente de batalla al ser alistado en el regimiento de Sherwood ante el inicio de la Segunda Guerra Mundial. Con apenas 19 años, Vera Brittan se quedó sola para cuidar de Pauline soportando la incertidumbre y las angustias de aquel tiempo de carencias extremas.

Al finalizar la guerra, el marido regresó al hogar y nació Fred, el segundo hijo de Vera y Harold. Más tarde, en 1948, vendría al mundo Clive, el menor de la familia. Ya para entonces, en plena época de la gran guerra que había terminado en 1945, el ambiente social empezaba a mostrarse esperanzado y todos aguardaban el fortalecimiento de la economía que permitiría mitigar las penurias de la posguerra.

Gran Bretaña estaba prácticamente arruinada y se les dio carta blanca a los miembros del Partido Laborista, con mayoría parlamentaria por primera vez, para forjar el bienestar social en base a una fuerte intervención del Estado. El programa de gobierno apuntaba a recomponer la economía a través de un sistema de

subvenciones que beneficiaría especialmente a la clase trabajadora con planes de vivienda, facilidad en el acceso a la alimentación, junto al establecimiento de la educación y la salud públicas.

El nacimiento del National Health Service (NHS) implementado por el ministro de Sanidad, Aneurin Bevan, hijo de un
minero galés, garantizó la atención médica gratuita para todos
los ciudadanos a partir de 1948. En el trasfondo, la ampliación de
derechos para las grandes mayorías durante la posguerra procuraba evitar que el ideario comunista ganara adeptos entre los
miembros de la clase obrera.

Vera Brittan estaba decidida a realizar los sacrificios necesarios para que Pauline, Fred y Clive estudiaran y escalaran de
posición social cuando fueran mayores. Era una mujer estricta
que confiaba en el valor de la disciplina y el ahorro, al punto de
considerar superfluo el gasto en regalos o vacaciones. Sentía,
además, un profundo desprecio por la clase obrera y consideraba que sus hijos eran mucho mejores que el resto de los niños
de aquel barrio popular de asalariados, demasiado bullicioso y
salvaje para ella.

Cuando veía a los jóvenes emborracharse en las aceras con
una animosidad pendenciera o cuando escuchaba las riñas familiares provocadas por los hombres golpeadores, se enfadaba y
sentía impotencia. Deseaba que sus hijos se abrieran camino y
pudieran mudarse de allí algún día: jamás aceptaría otro destino para ellos. En consecuencia, evitaba que tuvieran contacto
con los niños del vecindario, eligiendo selectivamente con quié-
nes podían jugar. De esta manera, los niños se criaron aislados
de los demás pequeños del barrio, fuera de los juegos y las sali-
das que organizaban.

Así, por ejemplo, los fines de semana por la tarde era costumbre que los pequeños del barrio fueran al cine a ver las pelícu-
las de estreno, como las de Roy Rogers, Tarzán y Robin Hood.
Resultaban los días más divertidos y todos esperaban anhelantes

la llegada del sábado. Todos, excepto Fred y sus hermanos, que no podían asistir ya que su madre insistía en que debían dedicarse a la lectura.

En las horas libres, los pequeños jugaban a las cartas en las aceras, pero Fred solo tenía permitido observar ese lúdico mundo infantil desde la ventana de su habitación. Invariablemente, Vera quería que permaneciera en la privacidad del hogar, entretenido con su hermano menor. Muy de vez en cuando se mostraba un poco más flexible, consintiendo en que saliera a la puerta de su casa para reunirse con algunos de los chicos de la manzana. El niño se iba volviendo extremadamente reservado y, sin saber cómo relacionarse con el grupo, se mostraba distante y temeroso.

Sin embargo, Fred Shipman no se rebelaba ni expresaba ninguna queja ante el persistente control que su madre ejercía sobre él. Le amaba y la obedecía plenamente; era el niño de sus ojos. Para los psicólogos forenses, el aislamiento inducido por Vera resultó un terreno fértil para el surgimiento de una personalidad narcisista, respaldada en las fantasías de grandeza de la madre. En efecto, le había convencido de que él era alguien especial, estimulando así su arrogancia y una tendencia antisocial.

Un alumno muy aplicado

En 1951, Fred inició su escolaridad en Buford Infants School, tenía cinco años. El jardín de infantes estaba próximo a la casa y solo debía realizar una corta caminata de la mano de su madre para llegar a la escuela. Vera se ocupaba de vestirle con distinción y la elección de indumentaria acentuaba las diferencias ya existentes entre su hijo y el resto de los niños, arropados sin tantos cuidados: era el único que llevaba moño en vez de una simple corbata.

Cuando Fred cumplió los seis años, empezó a estudiar en Whitemoor Primary, una escuela ubicada en otro vecindario. Viajaba junto a Alan Goddard, el único vecino al que Vera aprobaba. Más tarde, la madre de Alan la recordaría: «Vera era una mujer amable, pero realmente veía a su familia como superior al resto de nosotros. Se notaba que Freddy era su favorito, al que veía como el más prometedor de los tres niños».

En la primaria, Fred se inició en la práctica de *stoolball*, un deporte nacido en el siglo xv, antecesor y similar al cricket. Whitemoor Primary encabezaba la liga, y el pequeño Fred Shipman se destacó rápidamente en aquel juego. Como obtenía calificaciones sobresalientes, Vera estaba convencida de su inteligencia y con su marido decidieron que debía prepararse para rendir el examen de ingreso en la renombrada High Pavement School. Esta escuela pública de Bestwood tenía una excelsa tradición académica orientada a las ciencias, además de gran fama en los deportes. Como estaba adherida al British Grammar School System, procuraba reunir a los estudiantes más capaces de manera selectiva a través de pruebas terriblemente exigentes.

Fundada en 1788, históricamente había sido una casa de estudios exclusiva de las clases adineradas. Sin embargo, en los últimos años había abierto sus puertas a los hijos de la clase trabajadora. En aquella época, el 60% de los jóvenes ingresantes eran hijos de asalariados. Incluso Henry Davies, su director, era un docente con ideas socialistas y un fuerte sentido de la justicia social. Mientras High Pavement School era una escuela para varones, la Manning School ofrecía iguales condiciones de estudio para las chicas.

Para los padres de Fred, significaba la oportunidad de enviar a su hijo a una escuela prestigiosa de origen aristocrático, pero antes debía estudiar con extrema disciplina para aprobar el riguroso examen que le aguardaba y que superó exitosamente en 1957. Junto con Alan Goddard, Fred Shipman fue uno de los pocos jóvenes del barrio en ingresar a High Pavement School.

El uniforme escolar incluía chaqueta y gorra marrón, corbata del mismo tono con un diseño de líneas amarillas y azules, además de pantalones cortos de color gris para los alumnos de primer año. Al final de la tarde, regresaba al hogar caminando y los jóvenes del vecindario se burlaban de Fred debido al uniforme. Sin embargo, esas caminatas despertaban las fantasías del joven, porque la vestimenta le permitía aparentar que era rico. Le encantaba que le confundieran con un estudiante de familia adinerada y sentía desdén por los que se mofaban. Pero la realidad indicaba lo contrario: los Shipman no tenían dinero suficiente para la compra de una bicicleta que le facilitara el traslado, por eso optaba por volver a pie, para ahorrar el costo del autobús.

Sus primeras calificaciones resultaron bastante mediocres y su espíritu competitivo no podía tolerarlo. Se vio sobrepasado por la carga escolar y se exigió al máximo, estudiando muchas horas al día para llegar al mismo nivel que sus compañeros. Encerrado en la casa, con una aparente mansedumbre, Fred se hundía en los libros para satisfacer las expectativas de su madre y obtener su reconocimiento. Ni Vera ni su hijo soportaban la frustración. Ella soñaba para él un futuro profesional que le exigiría al muchacho asistir a la universidad cuando terminara el secundario, y lo último que deseaba Fred era defraudarla. Después de todo, se debía a su madre.

El contacto con otros jóvenes de su edad le resultaba innecesario y se integraba cada vez menos socialmente. Era el único en la escuela que no tenía apodo debido a la distancia que mantenía con el grupo de estudiantes. Fred se sentaba en la parte de atrás del aula y se concentraba en la lección de los maestros, a la vez que adoptaba una actitud solitaria y autosuficiente en los recreos. Mientras el resto del alumnado hacía humoradas, se burlaba de los docentes y organizaba juegos, él les sonreía de manera condescendiente, como si observara a unos niños que algún día madurarían.

Alan Goddard y John Soar, sus compañeros más cercanos, le describirían como un joven que tenía la «cabeza en otro lado» y que actuaba como si fuera más grande. A los 13 años, Fred dio un estirón, aumentó su estatura, su espalda se ensanchó notablemente y le crecieron patillas. Este cambio físico produjo envidia en el entorno y el joven Fred ganó estatus social entre el estudiantado.

A los 14 años comenzó a destacarse jugando al rugby, y pudo ocupar distintas funciones en el campo de juego, ya que tanto en el centro como en los laterales de la cancha demostraba destreza sumando puntos para su equipo. Su habilidad en este deporte le posibilitó competir en la liga juvenil después de cumplir los 15 años. Se había vuelto muy rudo y jugaba con determinación. Entre sus compañeros de deporte, Phil Pallant y Nick Steel valoraban la calidad de su juego, aunque a veces se mostrara extraordinariamente violento en los *tackles* y compitiera al límite de lo permitido. En el campo de juego se desataba: de ser una persona callada y tranquila en el aula, pasaba a actuar con una ferocidad desconcertante en el estadio. Terminado el partido, retornaba al distanciamiento habitual y rara vez se quedaba con los demás miembros del equipo después del juego.

En octubre de 1961, ganó un premio escolar como el estudiante más aplicado y con mayores progresos realizados. Vera le incitó a ir por más. En 1962 aprobó los exámenes finales, obtuvo el General Certificate of Secundary Education (GCSE) y se preparó para continuar con los dos años del bachillerato (*sixth form*) en la misma High Pavement School. Sería el último tramo de estudios que le conduciría a la universidad.

Si bien los alumnos del bachillerato debían vestir chaqueta, contaban con más libertad para completar su indumentaria y, en general, escogían prendas a la moda. En cambio, Fred había optado por lucir un chaleco bastante sugerente de un amarillo brillante que desentonaba con su personalidad apagada. Curiosamente, el chaleco le aportaba un aspecto especial que reforzaba con sus patillas al estilo de Elvis Presley.

Nunca fue uno más entre los estudiantes y, como rememora Wensley Clarkson en *The Good Doctor*, apenas los toleraba. En cuanto a las jóvenes del Manning School, era tan tímido que apenas ocasionalmente se atrevía a hablar con ellas. No obstante, siempre se dedicó al deporte y descargó en él las tensiones reprimidas. Después de alejarse del rugby, Fred se distinguió como corredor de fondo hasta llegar a convertirse en vicecapitán del equipo de atletismo de la escuela.

La enfermedad de Vera

Entre Fred y su madre existía una suerte de «telepatía mental»; con solo mirarse, uno sabía lo que pensaba el otro. Habían construido un mundo propio y los demás integrantes de la familia se sentían de algún modo desplazados. Después de abandonar la escuela a los 15 años, Pauline consiguió trabajo en una fábrica de prendas de punto. Probablemente, Vera estuviera decepcionada con ella, porque quedaba trunca la alternativa de su desarrollo profesional. Por otra parte, Clive no había sido aceptado en High Pavement School y la familia no había logrado mudarse de aquel barrio de gente sin educación, una cuestión que Vera reprochaba a su esposo reiteradamente. Su hijo mayor era el único que había logrado superarse.

En enero de 1963, Vera Brittan fue diagnosticada de cáncer de pulmón, justo cuando Fred acababa de cumplir 17 años. A partir de ese momento, semana tras semana, el joven comenzó a observar cómo su madre se debilitaba cada vez más. Cuando regresaba de la escuela, a última hora de la tarde, escuchaba la voz de Vera y su temor se apaciguaba. Entonces, le preparaba una taza de té y se sentaba a su lado. Pero un día Vera se quedó sin fuerzas para mantenerse en pie, y más tarde tampoco tuvo aliento para permanecer sentada, hasta que acabó postrada.

A medida que el deterioro físico ocasionado por la enfermedad se agudizaba, el doctor Andrew Campbell resolvió reforzar la administración de morfina para paliar el dolor. Como Pauline y el padre de Fred eran los sostenes del hogar y debían afrontar largas jornadas de trabajo, en la última etapa de la enfermedad debieron contratar el servicio de una enfermera para que la cuidara.

Con el paso de los meses, el cáncer se propagó y solo la morfina calmaba el padecimiento de Vera. Clive estaba completamente desolado, pero Fred se había vuelto más inexpresivo. Hay quienes aseguran que se mostraba impávido viendo al médico cargar la jeringuilla y clavar la aguja en la vena del brazo de su madre. Es posible que Fred contemplara la escena y los cambios en el rostro de Vera cuando la droga penetraba en el torrente sanguíneo. Tal vez, haya sido un atento testigo de la transformación, viendo ceder la contracción de los ojos y contemplando cómo el rictus de sufrimiento desaparecía. Para los estudiosos del caso, estas imágenes quedaron grabadas en la memoria de su hijo.

Al acabar la primavera, la salud de Vera empeoró dramáticamente y el 21 de junio de 1963, tras un coma inducido, el cáncer terminó con ella. Tenía 43 años.

En su libro, Wensley Clarkson describe la inusitada reacción de Fred al enterarse de la muerte de su madre. El autor relata que el muchacho abandonó la habitación de manera intempestiva y salió de la casa. Llevado por un furioso impulso, se echó a correr por las calles de Nottingham a pesar de la fuerte lluvia que velaba el horizonte y regresó a su hogar recién a altas horas de la madrugada.

El impacto fue tremendo. La muerte de Vera dejó en su hijo una sensación de orfandad absoluta. Después de la dura pérdida, Fred atravesó por un período incierto, en el que carecía de empeño para estudiar y reprobó el examen de ingreso a la Universidad de Leeds en 1964, hecho por el cual tuvo que continuar un año más en la escuela.

Si bien Fred se dedicaba a correr, también se le veía beber en exceso. Cuando permanecía en el vestuario tras las prácticas de entrenamiento, su compañero Terry Swin del equipo de atletismo recuerda que se frotaba las piernas con linimento de intenso olor para aliviar los dolores musculares, al punto de volverse obsesivo con el uso de la pomada y verse tentado de aspirar una y otra vez su aroma alcanforado, como si una tendencia adictiva comenzara a despuntar en él.

En 1965, volvió a rendir el examen de la Leeds School of Medicine y obtuvo la calificación necesaria para ser admitido. Estaba conforme, sabía que Vera habría estado feliz de enterarse de su nuevo éxito, ya que lograría alcanzar el estatus ambicionado por ella: sería reconocido, ganaría dinero y todos le tratarían con deferencia. Su proyecto era transformarse en un gran profesional, e irse lejos de aquel barrio de «perdedores» en el que nunca debió haber vivido.

Capítulo 3

LOS COTOS DE CAZA

«**El doctor soy yo.**»
HAROLD SHIPMAN, frase que solía repetir
cuando otros médicos o enfermeras se entrometían
en sus extrañas prácticas.

En la década de los años 60, el sistema de salud británico disponía de un acotado plantel de médicos en proporción al creciente número de habitantes. Las universidades inglesas ofrecían generosas becas para promover la formación de nuevos profesionales y, como tantos otros jóvenes en aquel período, Harold «Fred» Shipman fue becado por la Escuela de Medicina de la Universidad de Leeds después de aprobar el examen de ingreso. La prestigiosa institución, fundada en 1904 mediante una carta real de Eduardo VII, contaba con un programa de estímulos económicos, lo cual le posibilitó alquilar una habitación en una casa de familia en el vecindario de Wetherby, próximo a la universidad.

En tanto, quien sería con el tiempo la esposa de Fred, Primrose May Oxtoby fantaseaba con enamorarse. Sus padres, fervorosos devotos de la Iglesia Metodista, impartían en el hogar una estricta educación de acuerdo con prohibiciones y rigurosas normas de decencia. Sin embargo, Primrose era una atrevida soñadora. Debido a sus malas calificaciones, tuvo que abandonar la escuela y con solo 16 años se desempeñaba como decoradora, adornando las vidrieras de los comercios.

La oportunidad de trabajar había significado un antes y un después en su limitada vida, ya que comenzaba a disfrutar de una libertad desconocida. Cada mañana viajaba a la misma hora que Fred en el autobús de la línea 38 con destino a Leeds. El apuesto estudiante de largas patillas parecía extremadamente tímido. Ensimismado en sus libros, no se percataba de la insistente mirada de la joven que deseaba entablar una conversación con él. Hasta que un día, Primrose venció el pudor y le enfrentó con determinación. Pronto se pusieron de novios y, al poco tiempo, ella quedó embarazada.

La noticia produjo vergüenza en los Oxtoby y enojo entre los Shipman —el padre de Fred y su hermana Pauline—. Por eso el 5 de noviembre de 1966, la ceremonia civil se celebró en un clima de tensiones y duros reproches. Nadie festejó el casamiento: Primrose se encontraba en el quinto mes de gestación. Después del nacimiento de su hija Sarah, en 1967, el flamante matrimonio se mudó a un diminuto apartamento. Más tarde tendrían tres hijos más, todos varones, nacidos en 1971, 1979 y 1982.

Harold Frederick Shipman se licenció en Medicina en 1970 y, como le restaba cumplir un período de 12 meses de práctica para obtener su registro oficial, ese mismo año se trasladó con Primrose y la niña a la ciudad de Pontefract, en el Condado de West Yorkshire, para trabajar en el hospital local. La admisión en el Pontefract General Infirmary como médico residente con registro provisional incluía el ofrecimiento de una vivienda donde alojarse con su familia, lo cual había sido determinante para aceptar ese destino.

Pontefract

La ciudad de los campos de regaliz en el norte de Inglaterra era un antiguo emplazamiento de alrededor de 25.000 habitantes, gobernado por el Partido Laborista desde hacía décadas. Las musgosas construcciones de piedra y su castillo, característico del lugar, parecían resguardar la memoria de las históricas luchas entre normandos y anglosajones. En aquellos años, el hospital estaba en franca expansión gracias a la inauguración de nuevas salas de tratamiento. Fue una grata sorpresa para Shipman descubrir que existían amplias posibilidades para su desarrollo profesional. Si bien tenía el propósito de convertirse en médico general, también planeaba continuar estudiando y especializarse en nuevas áreas de la salud.

Los años en Pontefract fueron de gran exigencia para el joven doctor. En 1971 obtuvo el registro oficial de médico con el número 1.470.473 y se incorporó al equipo estable del hospital. Tenía 25 años. Con el empeño y la fuerza de voluntad que le eran propios, entre 1972 y 1974 obtuvo los diplomas en Salud Infantil, Obstetricia y Ginecología. Su madre le había enseñado que debía ir más allá de sus posibilidades si deseaba superarse, así que se había acostumbrado a vivir sin respiro, ocupado en atender el trabajo, el estudio y la familia.

Shipman quería destacarse y escalar posiciones. Para sus colegas resultaba una persona antisocial, que mantenía distancia y se mostraba competitivo. De sus años de estudio, algunos compañeros han sugerido que prefería pasar más tiempo con cadáveres que con personas. Sin embargo, ninguno dudaba de su buena disposición para atender a las personas ni de la seguridad que trasmitía al realizar los diagnósticos. Por su parte, los pacientes valoraban su amabilidad y buen trato.

Según señala Wensley Clarkson en su obra *Evil Beyond Belief. How and Why Dr. Harold Shipman Murdered 357 People*, fue en 1973 cuando el médico comenzó a inyectarse petidina —un opioide derivado de la heroína de uso analgésico para los dolores agudos, que se solía prescribir a las madres parturientas—. Había conocido la droga al trabajar como obstetra. Era una sustancia de fácil acceso para los profesionales de la salud, pero podía tornarse adictiva cuando se la administraba sin rigor. ¿Acaso apelaba a sus efectos para calmar la ansiedad que le agobiaba?

Este comienzo de la adicción por la petidina no levantó mayores sospechas, como tampoco la sucesión de muertes que acaecían en el hospital desde que Shipman era médico. Tres de ellas ocurrieron el mismo día, con diferencia de minutos.

El 14 de abril de 1972, entre las diez y cuarto y las once de la noche, fallecieron tres pacientes del doctor Shipman: Agnes Davidson (73 años); Elizabeth Thwaites (74) y Alice Smith (80). Davidson se recuperaba de un ataque cardíaco y nada hacía suponer el desenlace. Thwaites, en cambio, estaba en malas condiciones y cabía esperar lo peor. A ella, Shipman le inyectó digoxina —indicada para problemas cardíacos—, cuando estaba solo con la paciente. El deceso de Alice Smith fue por causas naturales, según los registros. «Shipman solía inyectar dosis fatales de opiáceos entre las seis de la tarde y la medianoche, cuando las salas estaban silenciosas, con pocos doctores y enfermeras en las inmediaciones», sostendría la jueza Dame Janet Smith décadas más tarde, durante el juicio.

Para la jueza, la mayor cantidad de homicidios en Pontefract responden al año 1972, cuando Shipman fue Senior House Officer de las salas del hospital. No cree que haya matado a nadie mientras trabajó en las salas de ginecología o pediatría. Sin embargo, supone que, en 1972, tuvo que ver en la muerte de Susie Garfitt, de solo cuatro años, quien sufría de parálisis cerebral.

La madre de Susie le pidió a Shipman que evitara los dolores de la niña y que fuera amable con ella. Luego, fue en busca de una taza de té. Cuando volvió, unos diez minutos más tarde, encontró a Susie ya sin vida.

Por otra parte, en 1973, los registros de Pontefract dieron otro indicio, que entonces pasó desapercibido. Ese año, mientras Shipman era médico del hospital, había aumentado la cantidad de decesos entre los pacientes. En seis meses hubo 126, cuando la media no superaba el centenar. Además, en 76 de ellos el médico interviniente había sido el joven Shipman.

No resulta fácil desentrañar el momento en que Shipman dejó de ser médico para convertirse en asesino ni de saber cuándo comenzó a suministrar dosis letales de morfina a sus pacientes. Habría que aguardar más de tres décadas para que los familiares de los pacientes fallecidos entre 1970 y 1974 tuvieran respuesta sobre cuál había sido el verdadero destino de sus seres queridos.

Todmorden

En marzo de 1974, la familia Shipman se mudó a Burnley Road, un vecindario de la ciudad de Todmorden en el Condado de West Yorkshire. La región atravesaba por una penosa reestructuración de su economía con el cierre de fábricas y la desaparición de la industria pesada. El hecho había repercutido directamente en la migración de los pobladores y la ciudad parecía haberse vaciado de jóvenes. De un pasado pujante en el que había albergado a más de 25.000 personas, la población se había reducido en ese momento a 17.000 habitantes.

Uno de los significados atribuidos al nombre de la ciudad, Todmorden, es que deriva de los vocablos *Tod* y *Mor*, ambos relacionados con la «muerte» en lengua alemana, y ahora algunos lo consideran un presagio de los sucesos que se presentarían a partir de la llegada del joven médico a la ciudad aquel año.

Shipman había sido contratado por The Abraham Ormerod Medical Centre para incorporarse al equipo de profesionales como socio comanditario en carácter de médico general auxiliar. El cambio de trabajo suponía una mejora económica y la anhelada oportunidad de participar en las decisiones administrativas de un centro de salud que contaba con más de 9.000 pacientes. En principio, comenzaría por ayudar a los otros socios en la atención de los enfermos hasta contar con su propia lista de pacientes.

El plantel estaba compuesto por los doctores Michael Grieve, John Dacre y David Bunn junto a la doctora Brenda Lewin. Además, un vasto conjunto de enfermeras y las recepcionistas Mollie Dunkley y Marjorie Walker completaban el equipo de atención.

Todos los médicos cumplían con rutinas similares: a primeras horas de la mañana atendían en los consultorios, después realizaban las visitas a domicilio en los alrededores de la ciudad y por la tarde regresaban al centro médico para continuar con las consultas. En el caso de recibir una llamada de emergencia, quien estaba de turno visitaba al paciente de inmediato. El doctor Michael Grieve testimonió más tarde que Shipman se mostraba ansioso por hacer visitas domiciliarias y que al poco tiempo de integrarse al centro médico, se encargó de los residentes de dos hogares de ancianos y del Fielden Hospital para discapacitados mentales.

Shipman parecía haber cambiado repentinamente su comportamiento habitual: ahora era extrovertido y sorprendentemente sociable. Apenas incorporado a los consultorios, evaluó la organización del lugar y persuadió a sus colegas de llevar adelante una modernización del sistema de categorización de datos en el registro de los pacientes. Su propuesta fue aceptada, y él mismo emprendió gran parte de la tarea requerida para confeccionar un nuevo sistema. El doctor Michael Grieve, socio mayoritario de los consultorios, agradeció su contribución y lo consideró un «regalo del cielo». En el libro *Prescription for Murder*, de Brian Whittle, Grieve recuerda a Shipman como «un joven entusiasta, lleno de energía y ansioso por hacer más de la cuenta». Agrega que «le gustaba hacer todo él mismo, sin recurrir a enfermeras, como hacían los otros médicos».

A partir de su propia iniciativa, otro de los trabajos que desarrolló fue la eliminación de una cantidad de fármacos controlados que estaban desactualizados. En adelante, sería su responsabilidad reabastecer el gabinete de remedios y ordenar los pedidos de esta clase de sustancias consideradas peligrosos debido a sus efectos adictivos. La propuesta de Shipman fue bienvenida, ya que la administración de estas drogas de uso habitual para las dolencias crónicas requería el cumplimiento estricto de una normativa particular, exigida por las autoridades sanitarias.

Parecía una maniobra deliberada. ¿Qué planes tendría en mente el inquieto doctor? Este tipo de medicamentos incluía opiáceos, estimulantes, depresores, alucinógenos y esteroides, que demandaban un extremo cuidado en los registros de acopio y distribución. Para llevar a cabo una correcta organización del gabinete de estas sustancias era condición necesaria completar cuidadosamente gran variedad de formularios, y el doctor Shipman era eficiente... Sin saberlo, sus colegas acababan de cederle al recién llegado el control de lo que con el tiempo se volvería su «armamento» homicida.

La buena disposición de Shipman fue valorada y al breve tiempo le ascendieron a médico principal. Se mostraba preocupado y tan pendiente de sus pacientes que se hizo querer de inmediato por la comunidad: «Era un santo, una persona realmente buena», solían decir de él. Además, participaba en actividades civiles para el cuidado del medio ambiente y pronto se integró a la Rochdale Canal Society que contribuía en la limpieza y la preservación del canal que atravesaba el valle de la región.

Parecía tener dos personalidades distintas. Mientras irradiaba encanto y actuaba como un hombre confiable y bonachón en el ámbito social, era arrogante y grosero con el personal que estaba bajo sus órdenes. Pretendía que las cosas se hicieran a su modo y con el paso de los meses demostró ser un fanático del control.

Fue en el verano de 1975 cuando los compañeros de trabajo empezaron a notar que algo no andaba bien. Shipman sufría colapsos nerviosos y se había vuelto huraño. Poco quedaba en él de la actitud alegre de los primeros días. En su entorno estaban molestos debido a su limitación para trabajar en equipo y su negativa a delegar tareas. Reprendía a los enfermeros si obtenían una muestra de sangre, porque quería hacerlo él mismo y no permitía que los patólogos realizaran el análisis de las muestras extraídas. Sus obsesiones habían cruzado las fronteras de lo aceptable.

Era evidente también que tenía problemas de salud: en una ocasión, se había desvanecido en la sala de espera frente a los pacientes y anteriormente había perdido la conciencia en el estacionamiento del centro médico. Al comienzo de estos episodios, sus colegas interpretaron que se debía a un estado de estrés. Sin embargo, los vahídos se hicieron cada vez más frecuentes.

En esa época, Primrose había contactado al doctor John Dacre para informarle que su esposo se había caído y golpeado fuertemente la cabeza en el baño de la casa. Tras asistirle, Dacre diagnosticó una conmoción cerebral y le derivó al hospital de Halifax para que realizara los exámenes necesarios. El 18 de agosto de 1975 el doctor Philip Humberstone entrevistó a Shipman y determinó que padecía un cuadro de epilepsia de origen no identificado.

¡Demasiada petidina!

En realidad, Shipman tenía muchos motivos para estar estresado y sentirse acorralado, debido a que la policía y las autoridades del Gobierno le tenían en la mira. En febrero de 1975 el inspector Donald McIntosh, funcionario del Ministerio de Interior a cargo del departamento de drogas, y el sargento George McKeating, de la policía de West Yorkshire, habían iniciado una investigación ante las sospechas de la compra de excesivas cantidades de petidina para abastecer al centro médico. Los formularios de pedido estaban firmados por Shipman. Eric Lloyd-Jones, propietario de la farmacia proveedora, había declarado a favor del médico, porque, como tantos otros, tenía un buen concepto de Shipman, a quien consideraba alguien eficiente y responsable.

La petidina, sintetizada en los años 30 y de nombre comercial «Demerol», es un analgésico opiáceo con efectos similares a los de la morfina. Considerada al principio como una «medicina maravilla», luego formó parte del listado de medicamentos controlados por sus efectos adictivos. En cada solicitud había que notificar los nombres de los pacientes que recibían las dosis. Si bien los investigadores no pudieron demostrar la existencia de una anormalidad, estarían alertas y vigilarían las acciones de Shipman con mayor cuidado.

A principios de junio, Donald McIntosh detectó que una compañía farmacéutica estaba entregando a la droguería Boots the Chemists, de Todmorden, altas cantidades de petidina inyectable. Las órdenes de compra, nuevamente, provenían del doctor Shipman. Esta vez iría hasta el fondo de la cuestión. No solo desconfiaba del volumen del pedido; además, había deficiencias en los registros de los pacientes que requerían la droga y existía un remanente de ampollas no contabilizado en el centro de salud. Urgía convocar al médico para que diera explicaciones sobre el presunto abuso y la posesión ilegal de la droga.

Las sospechas del funcionario eran acertadas. Shipman padecía una adicción que estaba llegando a su punto más álgido: se inyectaba petidina en dosis que superaban lo razonable. Mientras era habitual aplicar 100 mg en casos agudos o en emergencias, él se inyectaba 600 mg por día, y no sabía hasta cuándo podría ocultar las marcas de los pinchazos en sus brazos y sus piernas. También era cierto que obtenía la sustancia en nombre de los enfermos. Definitivamente, la situación se había descontrolado y vivía en estado de desesperación, pero aun así, continuaba trabajando en el consultorio donde atendía a sus pacientes con más empeño que nunca.

Shipman permanecía encerrado en su consultorio durante muchas horas al día, y casi no hablaba con sus colegas. Salvo con la doctora Lewin, una respetada profesional 15 años mayor, casada con un hombre inválido y adicta al alcohol. Según dijeron algunos médicos a Wensley Clarkson, Shipman y Lewin solían reunirse en alguno de los consultorios. Es posible que las adicciones les hayan llevado a compartir secretos; pero también que la relación haya sido romántica.

Tras una pausa de dos meses, Donald McIntosh se reunió con los médicos del Abraham Ormerod Medical Centre para plantear las irregularidades. Alertado, el doctor John Dacre ordenó realizar una revisión interna. La recepcionista Marjorie Walker comprobó los inquietantes ingresos de petidina y lo informó de inmediato a sus jefes. Resultaba sorprendente la cantidad de dosis recetadas por Shipman en los últimos meses, destinadas a pacientes que jamás las habían recibido.

El hallazgo sobrecogió a todos. Shipman había obtenido más de 30.000 mg de petidina de manera fraudulenta con la falsificación de las recetas. Restaba averiguar dónde se encontraban las ampollas o si las había utilizado para su propio consumo. Posiblemente, las convulsiones que padecía eran la consecuencia del abuso de la droga, al igual que la decadencia observada en él durante el último tiempo.

El doctor Dacre debía avisar a la policía, pero antes le daría al joven médico la oportunidad de defenderse. Al ser interpelado, este admitió el consumo de petidina a causa de la epilepsia que le habían diagnosticado. Después pidió que no le delataran. Su profesión estaba en riesgo y rogó por una segunda oportunidad. Sin embargo, ante la negativa de sus colegas, enfureció al punto de arrojar su maletín al suelo y luego amenazó con renunciar. Había echado por la borda el esfuerzo de su vida entera.

En ese momento, Primrose irrumpió en la reunión donde los médicos discutían acerca del mejor modo de despedir a Shipman y les aclaró que su esposo nunca renunciaría. Desafiante agregó: «¡Tendrán que obligarlo a salir!». Y tenía razón. Al cabo de las deliberaciones, Shipman fue forzado a abandonar el trabajo con la recomendación de cumplir con un programa de rehabilitación.

Aceptó la internación voluntaria en The Retreat, un hospital privado de York, especializado en el tratamiento de trastornos psiquiátricos, donde permaneció en rehabilitación bajo el cuidado del doctor Bryson. Le diagnosticaron una depresión moderadamente severa que debería tratar de manera ambulatoria, por lo cual recibió el alta médica en diciembre de 1975.

Muy pronto, Shipman consiguió un nuevo empleo como médico general en el centro de salud de la joven ciudad de Newton Aycliffe, en el Condado de Durham, donde le contrataron después de consultar a su psiquiatra, bajo la condición de que respetara su tratamiento.

El 13 de febrero de 1976, en respuesta a las imputaciones por la obtención deshonesta de drogas, la posesión ilegal y la falsificación de recetas, Shipman se declaró culpable ante el Tribunal de Halifax, pero en su alegato mintió sin pudor. Aseguró que se había vuelto dependiente de la petidina tras encontrar resistencias para mejorar la administración del Abraham Ormerod Centre. Dijo que la oposición que había enfrentado ante sus proyectos le había devastado. Por último, declaró su intención de dejar de llevar registros de fármacos controlados en el futuro.

Tras el informe médico, el tribunal concluyó que ninguno de sus pacientes había sufrido daño por su adicción a las drogas y, como sentencia, se le ordenó pagar una multa de 600 libras esterlinas más una compensación de otras 58,78 al General Medical Council.

Por su parte, los doctores Mine y Bryson notificaron al Ministerio del Interior que Shipman debería ser registrado como drogadicto; aunque al mismo tiempo recomendaron que continuara trabajando como médico. El ministerio no impuso ninguna prohibición para que dejara de prescribir drogas controladas y, tras conocerse el fallo judicial, el General Medical Council tampoco tomó medidas disciplinarias. En consecuencia, su registro de médico no fue revocado ni suspendido. Shipman quedaba libre de seguir su carrera profesional cuándo y dónde él quisiera.

Primrose respaldó a su marido, en cambio los Oxtoby profundizaron la grieta que los distanciaba de ella. A partir de entonces, la mujer dejaría de hablarse con sus padres definitivamente y Tanto David como Sam, los hijos menores del matrimonio, nunca conocerían a sus abuelos.

La adicción a la petidina y la acusación que debió afrontar ante la justicia probablemente sirvieran para morigerar los impulsos criminales de Fred. Algunos analistas interpretaron que el efecto del peligroso analgésico había calmado su sed de muerte. Pero ello no es más que una conjetura.

Shipman emitió 22 certificados de defunción entre 1974 y 1975, sin embargo, las investigaciones no pudieron determinar que se tratara de asesinatos. Varias décadas después, el diputado laborista Chris McCafferty salió abiertamente a respaldar el reclamo de los familiares para que se revisaran esas muertes. Pero la jueza Dame Janet Smith solo pudo confirmar el asesinato de Eva Lyons mediante una inyección intravenosa de diamorfina. Como vimos, ese es el primer homicidio confirmado de manera oficial; había tenido lugar el 17 de marzo de 1975.

Sin embargo, hubo otras extrañas coincidencias mientras Shipman fue médico en Todmorden. El 21 de enero de 1975, una semana después de cumplir 29 años, visitó a tres pacientes. El desenlace fue similar en los tres casos, e incluso parecido a lo ocurrido en Pontefract.

Primero fue a casa de Lily Crossley, de 73 años, quien murió media hora después. Según explicaría luego su hermano Douglas Redmond, la «mujer estaba un poco enferma y tenía anemia, pero nada hacía suponer que iba a morir repentinamente», según relató en el citado *Evil Beyond Belief* de Wensley Clarkson. Las causas del deceso, para Shipman, fueron «cáncer y anemia maligna».

Después de atender a Crossley, Shipman fue a ver a Elizabeth Pearce (84). Ella también falleció poco después a causa de una «hemorragia cerebral». La última y desgraciada visita de ese día ocurrió en casa de Robert Lingard (63), alcohólico y fumador, que pereció poco después de la llegada de Shipman de un «ataque cardíaco». El periódico *Todmorden News* llegó a investigar estas muertes después de conocerse la condena del médico en enero de 2000, pero la jueza Dame Janet Smith no encontró elementos para catalogarlas como «homicidios» en su informe de 2002.

Hyde

La Medicina era la verdadera vocación de Shipman y él estaba dispuesto a defender su lugar en la sociedad como médico general. Con este objetivo, en 1977, respondió a un anuncio del Donneybrook Medical Centre, en Hyde, cerca de Manchester, que buscaba cubrir una vacante. Una ciudad que —otra extraña coincidencia—, vuelve a referir a la muerte (y al mal); ya que es el nombre del gran personaje creado por Robert Louis Stevenson en *El extraño caso del Dr. Jeckyll y Mr. Hyde*, causalmente, también médico y adicto a una droga que lo transforma en ese otro yo maligno.

En la entrevista, Shipman se mostró sincero y relató con detalle el problema de adicción padecido un año antes. Presentó la recomendación de los psiquiatras, el informe del Ministerio del Interior y el dictamen del General Medical Council, que avalaban su continuidad como facultativo. Los médicos de Donneybrook vieron en él a un hombre arrepentido que hablaba con franqueza y el 1 de octubre de aquel año le invitaron a unirse a ellos.

Los Shipman se instalaron entonces en el tranquilo pueblo de Mottram, a las afueras de Hyde. La ciudad no superaba los 30.000 habitantes y les pareció un sitio ideal para trabajar y vivir. Enseguida, Shipman obtuvo el respeto de sus pacientes y colegas. Era un médico afectuoso que escuchaba con atención a los enfermos, solía recordar el nombre de sus hijos y de sus nietos, y hasta se interesaba por preguntar sobre sus mascotas.

Un «doctor de los de antes», alguien con quien podían contar a toda hora, un profesional que les brindaba contención, además de sanar sus dolencias. Él mismo se definía como un «médico pasado de moda», debido a la cantidad de atenciones domiciliarias que realizaba; una costumbre que los demás doctores iban abandonando.

De este modo, consiguió una reputación intachable. También era directo. Tenía la fama de llamar a las cosas por su nombre cuando debía comunicar el diagnóstico de una enfermedad terminal o la proximidad de una muerte. Sus pacientes se referían con humor al «estilo Shipman», ya que era capaz de anunciar las malas noticias sin rodeos. En esos casos, hablaba con frialdad, sin contemplaciones y, lejos de recibir críticas por su actitud inexpresiva, los familiares valoraban que no minimizara la gravedad de los hechos.

Algunos colegas, en cambio, le consideraban un arrogante que trataba a los enfermos de un modo bastante condescendiente al exagerar la seriedad de un diagnóstico, y decían que era común que después se vanagloriase de su capacidad para revertir un cuadro clínico presuntamente delicado. No obstante, su dedicación era incuestionable para todos y su jornada laboral se extendía por más horas que las del resto. Fue así que a lo largo de dos décadas, Shipman se convirtió en uno de los pilares de la sociedad de Hyde. Sin embargo, detrás de toda esa dedicación y prestigio, se escondían hechos difíciles de imaginar.

1977-1991/Innovación, arrogancia y crimen

El nuevo médico de Hyde estaba actualizado sobre las últimas tendencias en medicina y las nuevas drogas que podían curar una enfermedad. Como le encantaba incorporar conocimientos, era un asiduo concurrente a las actividades académicas organizadas en las universidades de Manchester y Liverpool o en el Tameside General Hospital. A su vez, se desempeñaba como docente en la asociación civil Saint John Ambulance como encargado de la formación de voluntarios para el servicio de primeros auxilios.

Harold Shipman posa en enero de 1997 junto a su esposa, Primrose May Oxtoby. Ella fue la muchacha que se atrevió a hablarle en el autobús cuando él todavía era joven y usaba patillas al estilo Elvis. Esposo amado y padre de cuatro hijos, su mujer nunca dejó de creer en su inocencia.

La postura de Shipman ante los temas médicos resultaba innovadora y él pretendía intervenir en la política sanitaria local. Dado su interés por reformar los procedimientos de la asistencia a la salud, Shipman era solicitado para asistir a entrevistas en la televisión y colaborar con la prensa especializada para introducir nuevos enfoques en el abordaje de las enfermedades mentales y la medicina preventiva. Siempre adoptaba la actitud de un experto, atreviéndose a hablar sin tapujos del problema de las adicciones y del alcoholismo en la sociedad inglesa, pero también dentro de la profesión médica.

En octubre de 1982 participó en «A serious Medical Emergency», uno de los episodios del programa *World in Action* de Granada Television's, donde se explayó sobre el abordaje de la salud mental y los resultados limitados que lograban las internaciones psiquiátricas en muchos casos. Para el renombrado doctor de Hyde, recluir en un hospital a los enfermos de depresión no significaba una solución. Este tipo de pacientes debían permanecer en sus hogares rodeados de sus seres queridos. ¿Hablaba de sí mismo de manera encubierta y de su temporada en The Retreat?

Años después, los estudiosos de su perfil como asesino observaron en sus apariciones públicas una conducta solapada: se jactaba de su talento y del compromiso con la comunidad, pero usaba a los más vulnerables para satisfacer su egocentrismo.

Como facultativo, Shipman también fue un adelantado a su tiempo. Promovió la medicina preventiva para controlar la diabetes y la hipertensión, lo que despertó en sus pacientes la conciencia del cuidado de la salud mediante la práctica de chequeos médicos regulares. Sin embargo, existía un aspecto desconocido de su personalidad y su impulso criminal comenzaría muy pronto a sumar víctimas en Hyde.

Para la jueza Dame Janet Smith, el deceso de Sarah Hannah Marsland no solo marca el reinicio de su carrera asesina, sino que muestra su *modus operandi* de la manera más cruda. La señora

Marsland tenía 86 años, vivía sola y gozaba de buena salud. En 1978 hacía poco que había perdido a una de sus hijas, Cicely, y estaba bastante deprimida.

El 7 de agosto su otra hija, Irene Chapman, llegó a la casa de su madre. Allí encontró a Sarah en la cama, con Shipman inclinado hacia ella. Según el relato del médico, la había encontrado sentada en una silla quejándose de un fuerte dolor, supuestamente producido por el recuerdo de Cicely. Agregó que entonces la llevó hasta la cama, donde ella colapsó y murió a pesar de los intentos de resucitación.

Para la jueza, Shipman mintió, porque era demasiada la coincidencia entre el momento del súbito ataque y la visita, también casual, del médico. Además, este no eligió una superficie dura —adecuada para la supuesta reanimación según la práctica médica— ni tampoco llamó a la ambulancia. Para Dame Janet Smith, este caso ilustra la capacidad de Shipman para inventar una explicación ante familiares que, conmocionados y afligidos, aceptaban lo que decía aunque fuera inverosímil.

Hacia 1982, el número de pacientes muertos a causa de sobredosis de diamorfina, a menudo utilizada para el control del dolor en enfermos con cáncer terminal, rondaba los 36. Como ocurrió en Pontefract y en Todmorden, la cantidad de casos era inquietante.

La muerte de su padre, el 5 de enero de 1985, representó un duro golpe para él. No solo por el presunto dolor de la pérdida, sino también por la voluntad expresa del señor Shipman de desheredarle manifestada en su testamento. La noticia le desmoronó. Además, su hermana Pauline y su hermano Clive, en tanto únicos herederos, resolvieron vender la casa sin consultarle. Para el psicoanalista Darian Leader, el sentimiento de abandono y el desprecio de su progenitor incidieron en su conducta a partir de entonces.

Aunque los asesinatos de Hyde empezaron siendo esporádicos —cuatro, en 1978; y de a dos en 1979, 1981 y 1983— en 1984 cometió nueve y en 1985, 11. Ese último año, hubo cuatro homicidios en febrero, tras la muerte de su padre. El duelo, al parecer, fue muy breve.

En 1991, el doctor Shipman comunicó a sus colegas del Donneybrook Medical Center que deseaba independizarse y montar su propio consultorio. Entre los motivos, esgrimió estar en desacuerdo con la administración del sistema informático y el esquema presupuestario para la adquisición de medicamentos. Además, le molestaba encontrar obstáculos para llevar a cabo sus ideas sobre medicina.

La noticia causó disgusto, porque se llevaría consigo su lista de pacientes y algunos miembros del personal como colaboradores. En ese contexto, la despedida fue amarga y requirió de largas negociaciones entre los abogados de ambas partes para resolver el problema financiero que acarreaba su salida, debido al cuantioso número de pacientes que Donneybrook perdería.

La decisión de inaugurar un nuevo centro de salud coincidió con un «período de enfriamiento» en su historial de asesino en serie, y durante 20 meses su instinto criminal se mantuvo en suspenso.

1992-1998/La escalada

En agosto de 1992, en el 21 de Market Street, en pleno centro de Hyde, The Surgery, el nuevo consultorio del Dr. Harold Frederick Shipman, abrió sus puertas. Al mando del consultorio, Shipman pondría en práctica su propia filosofía respecto a la asistencia sanitaria y ahora lo haría sin condicionamientos, porque sería el único en tomar decisiones. Tendría en sus manos la oportunidad de recetar los medicamentos que quisiera, evitar los ingresos hospitalarios que considerase innecesarios y ofrecer un cuidado personalizado desarrollando ampliamente una agenda de visitas a domicilio. En suma, era el plan perfecto para sus intenciones asesinas, como se comprobaría casi una década después.

La apertura del establecimiento formó parte de un ambicioso proyecto que incluía instrumental de última generación, cuyo propósito era alcanzar la excelencia y brindar el mejor servicio de la ciudad. El equipo de trabajo incluía a la enfermera Gillan Morgan, a las recepcionistas Alison Massey y Carol Chapman y a Margaret Walker, quien se ocupaba del manejo del sistema informático que conectaba cuatro ordenadores en red. Primrose ayudaría en la recepción los sábados por la mañana.

Las autoridades sanitarias locales quedaron impresionadas por la envergadura de la empresa y en los siguientes años, el centro médico prosperó con el registro de 3.100 pacientes. Una de las principales razones del éxito se fundó en la buena disposición de Shipman para atender a los ancianos en sus casas. Según muchos de ellos, el privilegio de contar con sus servicios era «como haber ganado la lotería».

El doctor Shipman era muy solicitado. Por lo general, los turnos se superponían debido a la elevada concurrencia, pero jamás dejaba de atender a nadie. Estaba orgulloso de llevar adelante el nivel más alto de chequeos y, ganado por un sentimiento de superioridad, desafiaba a los auditores: «Las autoridades sanitarias siempre podrán comparar la calidad de nuestro consultorio con el de otros centros de salud y preguntarse por qué no funcionan como deberían». De hecho, las auditorías médicas del gobierno elaboraron informes elogiosos en aquellos años que destacaban la calidad de sus servicios.

Cuando un colaborador se inmiscuía en sus asuntos, Shipman respondía con impaciencia: «El doctor soy yo». Y con el paso del tiempo, la percepción grandiosa de sí mismo le llevó a comportarse de nuevo de un modo obsesivo. Algunos biógrafos explicaron este comportamiento a través del vínculo que había mantenido con su madre, quien le había convencido de su excepcional inteligencia.

Aunque nunca cesaron del todo según la investigación oficial, a partir de 1993, los homicidios se reiniciaron dramáticamente en una secuencia creciente de víctimas asesinadas con un potente opiáceo que causaba la muerte en pocos minutos. Las estrategias para encubrir los crímenes se volvieron más sofisticadas y año a año, Shipman se fue arriesgando un poco más, así como cometiendo desprolijidades u omisiones en los certificados que expedía.

En el libro personal de sus registros médicos, figuraban visitas que nunca habían sido solicitadas, como en el caso Marsland. A veces, se encontraba con una paciente en la calle y le decía: «Te veo decaída. Esta tarde paso por tu casa para sacarte una muestra de sangre para analizar», y en su lugar le inyectaba dosis mortales de diamorfina. Las muertes aumentaron considerablemente —solo en marzo de 1995, se registraron tres— y nada parecía detener a Shipman aquel año en el que llegó a cometer nada menos que 29 asesinatos. Sin embargo, como en otros casos resonantes, un inexplicable error marcaría el final del implacable y más que eficiente «Doctor Muerte».

Capítulo 4

EL PRINCIPIO DEL FIN

«(Lego) Todos mis bienes, dinero y casa a mi
médico.»

KATHLEEN GRUNDY, testamento apócrifo
publicado en 1998 (fragmento).

Recién en 1997 la oscura sombra de la sospecha comenzó a proyectarse nuevamente sobre el halo de prestigio e incuestionable labor que rodeaban al doctor Harold Frederick Shipman.

Deborah Bambroffe, responsable de la funeraria Massey & Son, comenzó a sospechar que algo extraño ocurría, dada la elevada tasa de mortalidad de los últimos tiempos en Hyde. En general, las víctimas eran mujeres mayores que vivían solas y que gozaban de buena salud, y el denominador común, que sus muertes habían ocurrido en presencia del doctor Shipman o poco después de su visita. También, percibió llamativas coincidencias en la documentación expedida por el médico para certificar estas defunciones; ya fuera por causas naturales, insuficiencias cardíacas o derrames cerebrales, los motivos de los decesos se repetían de modo recurrente.

Era frecuente que Deborah Bambroffe encontrara al médico en la casa de las mujeres fallecidas, porque era él quien les abría la puerta para retirar los cuerpos que, casi siempre, estaban sentados o recostados en un sofá con el gesto sereno y la mirada apacible. No se observaban contracciones de dolor en los rostros ni había ningún vestigio en la postura de los cadáveres que señalara el trauma sufrido ante la muerte inminente. Tampoco se advertían rastros de un intento de resucitación practicado por el médico para salvar aquellas vidas. La similitud de los casos incitaba a considerar, en principio, una posible mala praxis.

Alertado por Deborah, Frank Massey, dueño de la funeraria, decidió acercarse personalmente a The Surgery para consultar al propio Shipman sobre la gran cantidad de muertes ocurridas en los últimos meses. El doctor lo recibió con cordialidad y respondió a sus preguntas de forma convincente asegurándole que no había motivos para preocuparse. Por su parte, Massey se sintió avergonzado por desconfiar del renombrado facultativo de Hyde.

Sin embargo, las muertes de Marie Quinn y Laura Kathleen Wagstaff hacia finales de 1997 acrecentaron el resquemor de Deborah. Era difícil concebir que el médico ingresara a sus domicilios después de muertas, o que la pobre Bianka Pomfret, de 49 años, mostrara una apariencia tranquila después de sufrir una inesperada trombosis coronaria. Esto llevó a la encargada de la funeraria Massey a expresar sus inquietudes a los médicos de The Brooke Surgery —consultorios ubicados frente a los de Shipman, en el 20 de Market Street—, quienes solían refrendar los formularios de cremación emitidos por el doctor. Pero Deborah no era la única que sospechaba de él.

En efecto, la doctora Linda Reynolds, recientemente incorporada como directora del centro médico, tenía el mismo presentimiento que Deborah sobre la existencia de una grave anomalía; así que después de conversar con sus colegas la médica se comunicó con el oficial forense de South Manchester para asentar la denuncia. Fue una decisión dura de tomar; si estaba equivocada, podría ser el final de su carrera profesional en aquella ciudad.

John Pollard escuchó con atención los argumentos de Linda Reynolds. El médico de Hyde había expedido 16 certificados de cremación en los últimos tres meses sobre un total de 3.100 pacientes que atendía. En el mismo período, The Brooke Surgery había emitido 14 certificados de la misma naturaleza. La cifra era similar, pero The Brooke contaba con 9.500 pacientes, tres veces más que The Surgery. Era evidente que algo no andaba bien en el consultorio de Shipman. Por otra parte, no era nada común que un médico estuviera presente en el mismo momento de la muerte de un paciente. Según estadísticas del sistema de salud británico, eso ocurría solo en el 1% de los casos; mientras que en los registros de Shipman el porcentaje ascendía al 19%.

En marzo de 1998, la Policía Metropolitana de Manchester inició una investigación confidencial sobre las extrañas muertes en Hyde. La pesquisa estuvo a cargo del novato detective David Smith bajo la supervisión del superintendente David Sykes. Pero las averiguaciones concluyeron demasiado pronto, fue el 17 de abril de 1998, debido a la ausencia de pruebas que respaldaran las conjeturas de la doctora Reynolds.

El inexperto policía descartó la existencia de irregularidades en los formularios de defunción y cremación firmados por Shipman. Además, eludió la consulta al General Medical Council acerca de los antecedentes del médico y, después de revisar las copias de los certificados de defunción recibidas en Tameside y solicitar al servicio de salud de West Pennine los registros médicos de las personas fallecidas, cerró el caso. A su vez, influenciado por el doctor Banks, a cargo de esta oficina, descartó las sospechas que recaían en el respetable facultativo: consideraba imposible que Shipman estuviera involucrado en una acción delictiva dada su reputación y buen nombre.

Es probable, asimismo, que Shipman se diera cuenta de que estaba bajo sospecha: las muertes extrañas cesaron, aunque fue por poco tiempo. Las cifras oficiales le adjudican siete asesinatos en las tres primeras semanas de marzo, mientras que no hubo nuevas víctimas hasta el 11 de mayo.

El caso Kathleen Grundy

El 24 de junio de 1998, la «buena suerte» de Shipman llegaría a su fin. Kathleen Grundy, de 81 años, había sido alcaldesa de Hyde y era dueña de una de las mayores fortunas de la ciudad. Conocida por su tarea social a favor de los ancianos en el club Age Concern, disfrutaba de buena salud y de una activa vida social. Ese día no concurrió a una reunión convenida, por lo que los miembros del club se intranquilizaron y acudieron a su casa en Gee Cross. Tristemente, la encontraron muerta, sentada en el sofá de la sala.

Pocas horas antes, la señora Grundy había recibido al doctor Shipman, que había concurrido con la excusa de tomarle una muestra de sangre para un estudio sobre el envejecimiento dirigido por la Universidad de Manchester. Sin embargo, después de una práctica tan poco riesgosa, la señora Grundy había muerto casi al instante y Shipman certificó su deceso por causas naturales e informó a su hija, Angela Woodruf, de que no era necesario llevar a cabo una autopsia. Como todos en Hyde, ella confió en la recomendación del médico, y después del funeral en la Hyde Chapel, la señora Grundy fue enterrada en el cementerio anexo.

Pero una situación que en principio no despertaba mayores sospechas, abrió la caja de Pandora. Angela Woodruff era abogada y siempre se ocupaba de las cuestiones legales de su madre. Bajo su instrucción, en 1986, Kathleen Grundy había redactado un testamento que la convertía en la única heredera de todos sus bienes. Sin embargo, el 13 de julio de 1998, Angela recibió una llamada telefónica del letrado Brian Burgess de la firma de abogados Hamilton Ward que cambiaba por completo esa voluntad, y cuyo contenido era claramente sospechoso.

Nadie imaginó que detrás de la bondadosa
sonrisa del Dr. Harold Frederick Shipman se
guarecía oculto el asesino en serie más grande
del Reino Unido. Entraba en los hogares como
el médico de la familia y, en pocos segundos,
acababa con la vida de sus pacientes.

Burgess le dijo que tenía en su poder la última voluntad de su madre donde legaba todo su patrimonio al doctor Harold Frederick Shipman. El abogado no había mantenido un trato personal con la exalcaldesa, ya que el testamento había sido enviado por correo junto con una carta. Según el letrado, el documento —fechado el 9 de junio de 1998, pocos días antes del deceso— contenía errores en su presentación, y por eso temía que fuera falso. Por tal motivo, recomendó a Angela Woodruff denunciar el suceso.

La abogada estaba anonadada: su madre, Kathleen Grundy, era una persona meticulosamente ordenada y la idea de que hubiera firmado un nuevo testamento a sus espaldas carecía por completo de sentido. Al leer los papeles en manos del abogado, su estupor aumentó. ¡Estaban escritos con una máquina de escribir, cuando la señora Grundy tenía la costumbre de redactar los documentos de manera manuscrita!

Además, la firma era levemente distinta y el trabajo se veía desprolijo, tipeado en mayúsculas y con letras faltantes. El contenido resultaba increíble, ya que le legaba al doctor Shipman un patrimonio de nada menos que 386.402 libras esterlinas, casi 400.000 euros al cambio actual. El texto decía: «(Lego) Todos mis bienes, dinero y casa a mi médico. Mi familia no tiene necesidad y quiero recompensarle por todo el cuidado que me ha brindado a mí y a la gente de Hyde. Él es lo suficientemente sensible como para saber manejar cualquier problema de esta manera. Mi doctor es H. F. Shipman».

La carta mecanografiada que acompañaba al testamento era aún más extraña. Resultaba imposible imaginar que su madre la hubiera escrito: «Deseo que el doctor Shipman se beneficie por tener mi patrimonio, pero si muere o no puede aceptarlo, entonces será para mi hija». Como su familia contaba con una buena posición económica, dejaba a su fiel médico todas sus posesiones en agradecimiento por la tarea de tantos años.

Con esos datos en su poder, Angela Woodruff tuvo la certeza de que se trataba de una falsificación y contactó a los testigos que habían firmado la última voluntad de su madre: Paul Spencer y Claire Hutchinson. Casualmente, ambos eran pacientes de Shipman y habían asistido al consultorio el 9 de junio para firmar unos formularios del servicio de salud. Si bien recordaban haber visto a la señora Grundy aquel día, ella de ninguna manera les había pedido que fueran testigos de su testamento.

Sin mayores dilaciones, el 24 de julio de 1998 Angela Woodruff acudió a la policía en Warwickshire, donde vivía, con la convicción de que Harold Frederick Shipman había asesinado a su madre para recibir su herencia. La investigación del presunto fraude seguido de asesinato fue derivada a la policía de Great Manchester y, de inmediato, constataron de que se trataba del mismo doctor investigado apenas unos meses antes, tras la denuncia de la doctora Linda Reynolds. Esta vez el superintendente Bernard Postles se ocuparía en persona de las averiguaciones.

Como primera medida, Postles envió el testamento al laboratorio de la policía y solicitó las órdenes judiciales para allanar el domicilio del médico y su consultorio. En las requisas, se incautaron una máquina de escribir Brother, el historial médico de la víctima y el ordenador de Market Street; mientras que en la casa de Shipman se encontraron medicamentos peligrosos y joyas de poco valor que podrían ser de sus pacientes. A veces, tras el fallecimiento, Shipman solicitaba a los familiares una pertenencia que guardaría de recuerdo, pero si las circunstancias lo habilitaban, directamente hurtaba artículos de pequeña monta.

Pronto, la policía comprobó que el testamento de Grundy había sido mecanografiado en la máquina secuestrada: una de las teclas tenía un pequeño defecto que dejaba una impresión particular de la letra en el papel, tal como se observaba en la documentación sospechada. En esta instancia de la investigación, había motivos suficientes para exhumar el cuerpo de Kathleen Grundy y establecer la causa de su muerte. Curiosamente, nunca se había desenterrado un cuerpo en Hyde, y ninguno de los oficiales de la policía ni los forenses en actividad tenían experiencia en esa clase de procedimientos. Angela Woodruff, por su parte, apoyó la iniciativa; por más doloroso que fuera, deseaba conocer la verdad.

En secreto, bajo la lluvia

La policía contrató a una compañía especializada para llevar a cabo la excavación, retirar el ataúd y restituir el cuerpo a su lugar de descanso en cuanto fuera posible, y después de tres días de preparativos, el 1 de agosto de 1998, por la madrugada, comenzó la exhumación en Hyde Chapel. Acompañados por la impiedad de un viento fuerte y la lluvia torrencial que no menguaba, comenzaron el trabajo valiéndose de una voluminosa excavadora y de potentes focos de luz que iluminaron la perturbadora escena en la oscuridad de la noche. Una silenciosa conmoción se produjo en cada uno de los presentes cuando el ataúd cubierto de lodo asomó en la superficie.

La exhumación de Kathleen Grundy aportó resultados decisivos para identificar al mayor asesino en serie del Reino Unido. Si bien el examen *post mortem* en la morgue del Tameside Hospital no arrojó la información necesaria para determinar la causa del fallecimiento, gracias a la extracción de tejidos, fue posible realizar en el North West Forensic Science las pruebas toxicológicas que servirían para descubrir el *modus operandi* del criminal. En un estudio inicial, se estableció la presencia de un opiáceo que probablemente fuera morfina; restaba especificar la cantidad existente y el tipo de droga. Sin embargo, el resultado bastaba para suponer que el médico había asesinado a la señora Grundy inyectándole alguna clase de sustancia. La caída definitiva de Shipman era ahora solo una cuestión de tiempo.

El 10 de agosto, un inspector del Ministerio del Interior alertó a la policía de los antecedentes penales y del juicio de 1976. Era la primera vez que las autoridades de Great Manchester tomaban conocimiento del pasado del médico. Asimismo, el 26 agosto, el forense Michael Hall reveló los resultados de los análisis del testamento y confirmó que había sido escrito en la máquina incautada en el consultorio del 21 de Market Street. Además, las huellas digitales de Shipman aparecían en los papeles; no así, las de Kathleen Grundy. Las pruebas comprometían al doctor, quien había confeccionado el legado y falsificado las firmas.

Desde ese momento, el superintendente Bernard Postles sospechó que Kathleen Grundy no era la única víctima. Entonces, volvió a examinar las 16 muertes certificadas por Shipman para su cremación, investigadas infructuosamente por David Smith en marzo de 1998. Con este objetivo, entrevistó a los miembros de las familias y les preguntó si albergaban alguna preocupación sobre las circunstancias de los fallecimientos, pero, para asombro de Postles, los familiares estaban aliviados, porque el doctor había cuidado de sus seres queridos en los últimos instantes de vida. Tal era el prestigio del médico que no se les ocurrió dudar de sus acciones. Eso sí, en cada caso, Shipman les había asegurado que no era necesaria una autopsia para asentar la razón del deceso, tal como había hecho con Grundy.

Nuevas víctimas

El 28 agosto, la científica forense Julie Evans entregó a la policía una información crucial sobre los niveles de droga hallados en el cuerpo de la señora Grundy, ya que eran consistentes con una sobredosis de diamorfina como causante de la muerte. Este resultado fue el empujón que le faltaba a Postles para solicitar nuevas órdenes de exhumación. En la selección de los casos, priorizaría aquellas muertes ocurridas durante o después de la visita de Shipman al domicilio de cada paciente.

Si bien los restos de Kathleen Grundy —el primer cuerpo en ser exhumado— retornaron al cementerio dos semanas después, Bernard Postles resolvió que en los procedimientos venideros los cuerpos tendrían que ser restituidos a las 24 horas para no agobiar a los familiares por demasiado tiempo. Antes de comenzar, debía contar con el consentimiento de ellos para contrarrestar una eventual impugnación legal.

A pesar del horror que enfrentaban, los familiares comprendieron la gravedad de los acontecimientos y aceptaron desenterrar a sus difuntos con el acompañamiento del padre Dennis Maher, un referente espiritual muy considerado en Hyde.

Entre septiembre y diciembre de 1998, la policía procedió a recuperar por etapas los restos de siete mujeres. Bernard Postles sabía que era una experiencia traumática y se propuso terminar con los procedimientos antes de la Navidad. Más tarde, el 31 de enero de 2000, el superintendente en jefe de detectives explicó a los periodistas de *The Guardian*, Helen Carter y David Ward: «No nos embarcamos en las exhumaciones especulativamente. Primero investigamos las muertes. Necesitábamos una justificación y una causa adecuada para que el forense y cada familia aprobasen la exhumación».

Los cuerpos de Joan Melia, Winifred Mellor, Bianka Pomfret, Marie Quinn, Ivy Lomas, Jean Lilley, Irene Turner y Muriel Grimshaw fueron desenterrados con el fin de colectar pruebas. Al año siguiente, se llevaron a cabo las exhumaciones de Alice Kitchen, Elizabeth Mellor y Sally Ashworth. Pero Postles comprendió que debían detenerse; encontrarse en un lugar sagrado interfiriendo en los designios de Dios era traumático para todos, incluso, para los oficiales de la policía. En cada familia se reabría una herida y el acecho de la prensa la profundizaba.

Lo cierto es que, a partir de las exhumaciones, la policía descubrió un patrón de acción en la administración de sobredosis letales de diamorfina y en la modificación intencional de los

Harold Shipman fue acusado al comienzo por 15 asesinatos. Sin embargo, el número total de muertes comprobadas fue muchísimo mayor, 218. Su objetivo preferido eran las mujeres mayores y desvalidas por razones de salud.

Estas víctimas fueron: Marie West (81 años), Irene Turner (67), Lizzie Adams (77), Jean Lilley (58), Ivy Lomas (63), Muriel Grimshaw (76), Marie Quinn (67), Laura Kathleen Wagstaff (81), Bianka Pomfret (49), Norah Nuttal (64), Pamela Hillier (68), Maureen Alice Ward (57), Winifred Mellor (73), Joan Melia (73), Kathleen Grundy (81).

registros médicos en el ordenador con el fin de encubrir cada crimen. Antes o después de cada homicidio, Shipman agregaba datos falsos en la historia médica de la víctima para que su muerte no despertara interrogantes y pareciera previsible. De este modo, inventaba diagnósticos para asegurarse la correspondencia entre los certificados de defunción que firmaba con los registros alterados.

Cada modificación efectuada en el ordenador permanecía en la memoria del disco duro, algo que el médico ignoraba y, por esta vía, los expertos detectaron los registros intervenidos. En el caso de la señora Grundy, Shipman había adulterado sus datos con posterioridad al crimen, describiéndola como una paciente que abusaba de la codeína, un compuesto de la morfina; información que intentaría usar para justificar su muerte.

La investigación demostró que el eminente doctor de Hyde actuaba con premeditación. Con frecuencia, modificaba sus notas, indicando que el momento de la muerte se acercaba, aunque la invención más común era la fabricación de un historial de problemas cardíacos. Es más, a veces planeaba incluso el momento del descubrimiento del cadáver y el hecho de estar presente en la escena.

Implacable, una vez que ingresaba en las casas con su maletín, difícilmente sus pacientes permanecieran con vida. Parte de la estrategia de encubrimiento incluía fingir llamadas telefónicas y mentir sobre la solicitud de las visitas. Los ardides para esconder sus crímenes resultaron cada vez más desafiantes para Shipman. Al explicar cómo había ingresado a la casa de la paciente «fallecida», a menudo decía que le habían quitado el seguro al pestillo para que la puerta pudiera abrirse. En otras ocasiones, iba con un vecino que tenía una llave y «descubría» el cadáver. Quedaba mucho por avanzar para establecer la cantidad final de víctimas; no obstante, la muerte de esos 15 pacientes fue llevada a la justicia y el doctor Harlod Frederick Shipman fue el único acusado.

Nunca antes del asesinato de Kathleen Grundy, el «Doctor Muerte» había intentado beneficiarse de ellos, salvo el hurto de anillos y otros objetos de poco valor que, seguramente, atesoraba como *souvenirs*. La policía los encontró en su casa, junto a varias historias médicas falsificadas.

Convencido de que saldría impune, el doctor Shipman se mostró desafiante cuando los periodistas comenzaron a cercarle. Es posible que inconscientemente haya buscado ser atrapado al cometer un error tan grosero como falsificar el testamento de la señora Grundy, al sentir que estaba perdiendo todo control sobre su vida. Sin embargo, hay quienes creen que planeaba retirarse como médico y huir de Inglaterra.

Las muestras extraídas en las exhumaciones permanecieron almacenadas durante varios años para que la policía tuviera las pruebas apropiadas en caso de que el asesino o su familia apelaran su condena.

15 muertes, 15 exhumaciones

El doctor Shipman fue acusado inicialmente por 15 asesinatos que le llevaron a la cárcel para cumplir 15 cadenas perpetuas consecutivas, al probarse que cometió los crímenes inyectándoles una sobredosis de morfina. Año a año, mes a mes y día a día, así procedió.

Marie West falleció el 6 de marzo de 1995, a los 81 años, después de solicitar la visita de su médico de cabecera por un dolor en la espalda. Shipman estuvo presente en el momento de la muerte, que certificó esgrimiendo un falso derrame cerebrovascular. No intentó reanimarla. En julio del año siguiente, murió Irene Turner con 67 años. El médico la visitó por un resfriado y más tarde certificó la muerte por diabetes y una cardiopatía isquémica. En su cuerpo hallaron los rastros de una dosis fatal de morfina.

El 28 de febrero de 1997, William Catlow llamó a la puerta de la señora Lizzie Adams, de 77 años. El médico le abrió y le trasmitió que su amiga estaba mal, aunque en verdad ya había muerto. En el certificado de defunción declaró que la causa fue una bronco-neumonía, diagnóstico que se comprobó que era falso.

Apenas unos meses después, el 25 de abril, Shipman visitó a la señora Jean Lilley, de 58 años. Su vecina Elizabeth Hunter le vio salir de la casa. El doctor explicó el deceso por una insuficiencia cardíaca; sin embargo, el patólogo forense determinó un enve-nenamiento con diamorfina.

El caso de Ivy Lomas, de 63 años, fue distinto. Era una de las pacientes habituales de Shipman. Depresión, ansiedad, bronqui-tis crónica y otras dolencias motivaban sus incesantes consultas en el 21 de Market Street, hasta que el «Doctor Muerte» resolvió poner fin a su vida el 29 de mayo.

La hija de la señora Muriel Grimshaw descubrió a su madre de 76 años muerta en su cama el 14 de julio, poco después de la visita del doctor Shipman. En el certificado de defunción, este declaró que un accidente cerebrovascular había provo-cado el colapso final, pero los forenses encontraron diamor-fina en sus tejidos.

Marie Quinn fue asesinada en su domicilio en noviembre a los 67 años, Shipman encubrió el crimen certificando la muerte por un derrame cerebral. La autopsia comprobó los vestigios de una sobredosis de la droga utilizada por el médico.

El 9 de diciembre Laura Kathleen Wagstaff murió repentina-mente a los 81 años poco después de que el médico la visitara en su casa de Rock Garden. Shipman contó que había recibido una llamada pidiendo sus servicios, algo que los registros telefóni-cos desmintieron. En la autopsia se hallaron restos de la misma droga causante de los otros decesos.

Un día después falleció Bianka Pomfret, de 49 años. Shipman declaró que una trombosis coronaria y una cardiopatía isqué-mica habían provocado el deceso. En cambio, tras la exhuma-ción, encontraron diamorfina en los tejidos del cuerpo.

El hijo de la señora Norah Nuttall, de 64 años, descubrió a su madre inerte sentada en una silla el 26 de enero de 1998. Shipman se encontraba con ella mientras aguardaba una ambulancia. Los registros telefónicos indicaron que mentía; una estrategia que formaba parte de sus *modus operandi* y que valió como prueba.

Shipman descartó la necesidad de un examen *post mortem* de Pamela Hillier, de 68 años, fallecida el 9 de febrero. Los expertos informáticos descubrieron diez cambios realizados en su historial médico dos horas antes del asesinato. Su caso fue elevado a juicio, pese a que el cuerpo había sido incinerado.

Maureen Alice Ward, de 57 años, había sufrido cáncer, pero se encontraba bastante repuesta. Shipman reportó su muerte por un tumor cerebral el 18 de febrero, y alteró sus registros médicos para sugerir que el cáncer se había diseminado al cerebro.

El 11 de mayo Winifred Mellor fue hallada por su hijo Danny en 1998 sentada en una silla con la manga de la camisa arremangada. Tenía 73 años. Shipman la visitó aquel día y certificó el deceso debido a una trombosis coronaria. La muerte obedeció a una sobredosis de diamorfina.

Un mes después, Joan Melia, de 73 años, visitó a Shipman en The Surgery por una dolencia en el pecho. El médico no se molestó en examinarla y procedió a inyectarle diamorfina, simulando que se trataba de otra clase de medicamento.

Y a fines de ese mismo mes, murió la exalcaldesa Kathleen Grundy, de 81 años, después de ser atendida por Shipman. Además, el médico redactó un testamento apócrifo, cuyo descubrimiento marcó el inicio de la investigación que llevó a este asesino en serie a la cárcel.

Capítulo 5

DETENCIÓN, INTERROGATORIO Y JUICIO

«Ninguna de sus víctimas supo que las conducía
a la muerte con la apariencia de la cariñosa
atención de un buen doctor.»

JOHN THAYNES FORBES, juez, al dictar
sentencia en el caso Harold Shipman.

L os oficiales de la policía de Great Manchester enfrentaban
el desafío de desenmascarar al doctor Harold Frederick
Shipman y desentrañar los móviles que le habían impulsado a matar. Estaban convencidos de su culpabilidad y tenían
la certeza de que sus crímenes podrían ser muchos más de los
investigados hasta ese momento. Si bien resultaba claro que el
homicidio de Kathleen Grundy se debía a la ambición de quedarse con sus posesiones, en el resto de los casos el objetivo parecía ser diferente.

Además, el comportamiento criminal de Shipman despertaba
grandes interrogantes: la desprolijidad con la que había actuado
y la osadía de sus engaños parecían demostrar que no le impor-
taba ser atrapado. ¿Quería que pasara? ¿O, tal vez, la convicción
de tener todo bajo su control había acrecentado en él la sensación de omnipotencia?

Fuera como fuera, el 7 de septiembre de 1998, Shipman fue citado
a declarar en la estación de policía de Ashton-under-Lyne para

responder sobre el crimen de la señora Grundy y el intento de obtener sus bienes por engaño. Acompañado de su abogada Ann Ball, Shipman manifestó que las acusaciones eran completamente falsas.

Confiado en dominar la situación, aseguró con frialdad que la señora Grundy tenía un problema de adicción, lo cual podía ser el motivo del hallazgo de droga en su cuerpo. Admitió ser el propietario de la máquina de escribir y declaró que Kathleen se la había pedido prestada. Su actitud de superioridad parecía infranqueable y repitió con insistencia: «Soy un médico y en mis manos está el poder de la vida y de la muerte».

La actitud de Shipman no era inteligente, ya que mostraba desprecio por los detectives abiertamente. Además, sus explicaciones eran razonables en apariencia, pero enseguida se notaba que estaban vacías de sentido y conducían a una confusión mayor. Resultado: quedó bajo arresto al terminar el primero de los interrogatorios.

Durante los siguientes meses se le interpeló en sucesivas oportunidades para dar cuenta de las pruebas obtenidas en las exhumaciones. Cuando le preguntaron sobre los resultados toxicológicos y el hallazgo de diamorfina en los cuerpos de Winifred Mellor y Marie Quinn, respondió con evasivas y logró que el interrogatorio se volviera inconducente. Definitivamente, Shipman no mostró señal de arrepentimiento ni de empatía alguna por los familiares de sus víctimas. Además, su arrogancia no parecía tener límites, como cuando durante algunos interrogatorios llegó a responder sentado de espaldas. Estas actitudes exasperaban a los detectives hasta agotarles. Por otra parte, sus argumentos al describir las razones por las cuales había evitado resucitar a sus pacientes acabaron por resultar patéticos. Según él, de continuar con vida, perderían lucidez o quedarían paralíticas.

Pero hubo un día especial en los interrogatorios. El 5 de octubre fue interrogado por la alteración de los historiales médicos en el ordenador de Market Street: fue la única vez que pareció quebrantado. Cada pregunta le incomodaba más que la anterior y acabó de rodillas en el suelo de la sala de entrevistas, sollozante. De todas formas, angustiado o no, Shipman no confesó.

Debieron aguardar hasta el 11 de noviembre para reanudar las indagaciones por la muerte de Ivy Lomas, pero para ese entonces, Shipman ya había recuperado el control de sí mismo. Según su relato, la señora Lomas había acudido al consultorio mostrando un mal color en su semblante y la piel sudorosa cuando, de pronto, mientras le realizaba un electrocardiograma, su corazón se detuvo. Sin embargo, cuando cuestionaron la presencia de droga en el cuerpo, Shipman se quedó sin palabras y prescindió de hacer comentarios ante los casos de Jean Lilly, Irene Turner y el resto de las pacientes exhumadas.

En febrero de 1999, Shipman fue acusado de los asesinatos de Norah Nuttall, Kathleen Wagstaff, Maureen Ward, Pamela Hillier, Marie West y Lizzie Adams. Aun con los cuerpos incinerados, existían indicios de su responsabilidad, ya que al acelerar el ritmo de sus crímenes, había cometido demasiadas torpezas y descuidado el encubrimiento de sus rastros.

Una noticia increíble

El 31 de enero de 2000, la BBC News anunció en su canal de televisión la tremenda noticia: «Un médico de familia ha resultado ser un asesino en serie»; la misma información se replicó en la radio, además de reproducirse en la prensa. La sociedad de Gran Bretaña estaba conmocionada.

Lo curioso del caso es que Shipman recibió muestras de apoyo de sus leales pacientes, quienes creían fervientemente en su inocencia. Algunos fueron solidarios con él y criticaron severamente el supuesto atropello de la policía y el sensacionalismo de la prensa, alegando que debía existir un error: era imposible creer lo que decían los periódicos, y aguardaron a que se demostrara su inocencia en el juicio.

Cerca del comienzo del proceso, en octubre de 1999, los detalles del presunto patrón criminal del acusado trascendieron. Este les administraba una sobredosis de diamorfina a sus pacientes y después certificaba la causa de esas muertes por razones naturales o inventando enfermedades. Los más desprevenidos comenzaron a tomar conciencia de que podían estar involucrados con los hechos publicados, ya que el médico había acompañado a alguno de sus familiares en su lecho de muerte, lo cual sembraba terribles dudas y angustia. Desde ese momento, se multiplicaron las llamadas a la policía para exigir una investigación más a fondo y las autoridades se vieron sobrepasadas.

Por otra parte, el hermetismo de Shipman y de su familia alimentó las especulaciones más diversas y se convirtió en un atractivo para los medios, que pretendían acercarse a ellos con insistencia al tiempo que eran rechazados. El rostro del médico pasó a ocupar las portadas de las ediciones de *Tameside Advertiser* y el sensacionalista *The Sun*, que destinaron, durante meses, páginas enteras a cubrir el caso. Fue este diario el que lo apodó «Doctor Muerte» y quien habló del acusado como si fuera una manifestación del demonio.

La inevitable publicidad y la voracidad de la prensa contribuyeron a aumentar el estupor general ante sucesos ya de por sí traumáticos. Era «uno de los más truculentos casos de maldad comparable a la implacabilidad de Jack El Destripador, supuestamente médico también, y otros personajes igualmente siniestros en la historia criminal del Reino Unido», como lo describió Juan Carlos Gumucio en el diario *El País* de Madrid.

A medida que la prensa divulgaba detalles del caso, la comunidad de Hyde comenzó a sentirse traicionada. Shipman había abusado de la confianza depositada en él y de su autoridad como médico. El sentimiento de humillación se mezclaba ahora con la zozobra de haber perdido a un ser querido y la culpa de no haberlo podido evitar. Estas impresiones se acentuaban con la larguísima lista de crímenes que, sencillamente, no encajaba con la imagen de aquel hombre de familia integrado a la sociedad con todos los honores.

La fotografía de Shipman pronto llegó a los medios internacionales. Al fin, el médico alcanzaba una fama sin precedentes y el mundo entero le conocía. ¿Pero a qué precio? ¿Por haberse convertido en el «Doctor Muerte»? De seguro, no era lo que su madre habría querido para él.

El doctor que jugaba a ser Dios acudía a las casas de sus pacientes y se servía de una jeringuilla para quitarles la vida, movido por razones que permanecían en el misterio. Perteneciente a una familia de origen humilde, se había esforzado para atesorar el éxito y cimentar su ascenso social, cumpliendo así con el legado de su madre; sin embargo, el resentimiento, la envidia o la codicia le habían puesto al descubierto en busca de otra clase de herencia.

El sistema sanitario, cuestionado

Al conocerse el pasado del prolífico asesino en serie, sus problemas de adicción en los primeros años de la profesión y el juicio por tenencia de drogas de 1976, la opinión pública británica se enardeció. ¿Cómo era posible que el sistema sanitario le hubiera permitido seguir adelante y pasar desapercibido durante tanto tiempo? El sentimiento de impotencia aumentó todavía más cuando se hizo público que podría haber sido arrestado antes de completar su lista de asesinatos.

La policía de Great Manchester ofreció sus disculpas a las familias de Joan Melia, Winifred Mellor y Kathleen Grundy, las tres mujeres asesinadas posteriormente a la fallida investigación de David Smith en marzo de 1998, y admitió que la gestión había sido defectuosa. Por su parte, el detective a cargo pidió disculpas ante la comunidad de Hyde y reconoció que no le había atribuido la debida importancia a la denuncia de la doctora Reynolds.

he Mirror

www.mirror.co.uk

32p

M

REE M MAG INSIDE

DR DEATH

- **Guilty of killing 15 women patients**
- **Shipman faces 23 new murder charges**
- **Police have files on at least 100 more**
- **Coroner admits it could be up to 1,000**

KILLER doctor Harold Shipman was locked away last night for murdering 15 of his patients – but the true toll

By PATRICK MULCHRONE and IAN DISLEY

En el mes de noviembre de 1998, el doctor Harold Shipman fue trasladado desde la comisaría de la Policía de Stalybridge hasta el Tribunal de Justicia en Ashton para enfrentar más cargos de asesinato en su contra.

EVIL: cture on by terday

RITAIN'S BIGGEST MURDERER: PAGES 2-11

La falta de experiencia había jugado en su contra y por ello no había efectuado las preguntas correctas ni contado con claras directrices para abordar el caso. David Smith no había investigado los antecedentes de Shipman e ignoraba los conflictos que el médico había tenido en el centro de salud de Todmorden por el consumo abusivo de petidina y la falsificación de prescripciones médicas; justamente, el mismo método que emplearía más tarde para hacerse de ampollas de diamorfina y llevar a cabo los crímenes.

En 2002, el detective declaró durante una audiencia ante la jueza Janet Smith —responsable del informe *The Shipman Inquiry*, ordenado por el gobierno británico tras el juicio—. Para el oficial, las sospechas de que el médico de cabecera hubiera matado a sus pacientes excedía el sentido común. Si bien había procurado leer los registros médicos y evaluar los certificados de defunción, la terminología de la documentación le planteaba dificultades de comprensión que no había podido sortear.

En su informe, la jueza examinó con detenimiento la labor del detective y acusó a la institución policial de haber asignado personal sin experiencia. Si hubiera actuado alguien más preparado, probablemente se hubiera revelado la criminalidad de Shipman.

Por su parte, Angela Woodruff, una de las damnificadas por la negligencia policial, afirmó en la audiencia: «Si hubiera sido así, mi madre podría haber permanecido con vida». Sin embargo, agregó: «Entiendo bien desde mi propia experiencia qué difícil era creer que un médico tan respetado podía asesinar deliberadamente a sus propios pacientes sanos. Era difícil encontrar pruebas claras sin el acceso a los registros de los pacientes en el ordenador y sin discutir las circunstancias de las muertes con los familiares».

A Shipman le gustaba transgredir las pautas establecidas. Solía eludir los requerimientos burocráticos y si cumplía con ellos lo hacía con desprolijidad. Manejaba con destreza el engaño y no temía adulterar los formularios que debía llenar. Actuaba con habilidad burlando los controles de las auditorías del gobierno.

De acuerdo con los procedimientos de las leyes británicas para la certificación de defunciones, las muertes repentinas por causas desconocidas debían comunicarse al forense. Muchos de los pacientes de Shipman fallecieron repentinamente en circunstancias en las que ningún médico honesto hubiera asegurado conocer la causa de la muerte. Por eso, arbitrariamente, inventaba el motivo del deceso y omitía informar la muerte repentina al forense para evitar la investigación oficial. El hecho de que el sistema de certificación dependiera de un solo médico comportaba el riesgo de que fuera probable ocultar un delito u otras irregularidades.

Por otra parte, los familiares de las personas fallecidas no tenían la costumbre de controlar a los médicos; ignoraban la reglamentación legal para la confección de los documentos que emitían y aceptaban las disposiciones del facultativo. Shipman aprovechaba este comportamiento habitual para embaucarles, ya que a la familia de la víctima no se le ocurría exigir que certificara la causa del deceso con fundamentos precisos ni demandaba realizar la derivación al forense. Por vergüenza o sumisión, o debido a una confianza ciega, la autoridad del médico parecía incuestionable. Además, si el paciente era una persona de edad mayor, resultaba más sencillo declarar una muerte natural, aunque fuera un homicidio.

Shipman había actuado cuidadosamente durante años. Cuánto más prestigio ganaba como doctor, más fácil le resultaba satisfacer sus secretos deseos y aprovecharse de su aureola de respetabilidad para alejar suspicacias. No obstante, en el último tiempo de su carrera asesina, había cometido una sucesión de equivocaciones y redactado un testamento poco creíble e incoherente.

La condena

El juicio a Harold Shipman fue uno de los más largos del Reino Unido, con más de 120 testigos. Comenzó el 5 de octubre de 1999 en la sala del tribunal penal de Preston, en Lancashire, y fue presidido por el honorable juez Sir John Thaynes Forbes. En la audiencia preliminar, el doctor Harold Frederick Shipman se declaró «no culpable» de todos los cargos. Para la defensa, la acusación se basaba en pruebas toxicológicas poco fiables.

En su estrategia inicial, Nicola Davies, la abogada del médico, elevó tres peticiones al juez Forbes. Consideró que su defendido era prejuzgado de manera errónea y que la cobertura mediática le había desfavorecido al publicar noticias mentirosas. Por lo tanto, desde su punto de vista, era preciso suspender el juicio. A continuación, solicitó dividir la causa en tres procesos diferentes: un juicio para aquellos casos en los que se contaba con pruebas físicas; otro para los casos que carecían de tales pruebas, y un tercer litigio por el delito de falsificación y el asesinato motivado por avaricia. Finalmente, el último pedido consistía en anular las pruebas que referían al modo ilegal con el que su cliente se había provisto de drogas controladas.

La acusación rebatió cada una de las mociones. Para el fiscal Richard Henriques, la prensa había colaborado positivamente alertando a quienes acudían a The Surgery sobre las irregularidades cometidas por el doctor y las muertes que le comprometían. En segundo lugar, el juicio debía realizarse bajo una única acusación, ya que los asesinatos estaban relacionados entre sí por el mismo patrón de conducta del acusado. Para terminar, la pretensión de la defensa de descartar pruebas incriminatorias no tenía sentido. Shipman había acaparado ilegalmente ampollas de diamorfina de 22 pacientes, prescribiéndolas sin necesidad o tomándolas después de los fallecimientos. Era parte de su *modus operandi* y, en consecuencia, resultaba una información relevante y necesaria para condenarle.

El juez denegó los tres pedidos de la abogada defensora Nicola Davies y decidió seguir con un único proceso tal como estaba previsto en base a la acusación de la fiscalía. El médico sería juzgado por la creación de un falso documento público y la ejecución de 15 homicidios entre 1995 y 1998, mediante el suministro de inyecciones letales de diamorfina.

El 11 de octubre se celebró la apertura del proceso frente al jurado. Richard Henriques se dirigió a sus miembros para presentar el caso: Shipman estaba acusado de cometer los asesinatos de Marie West, Irene Turner, Lizzie Adams, Jean Lilley, Ivy Lomas, Muriel Grimshaw, Marie Quinn, Laura Kathleen Wagstaff, Bianka Pomfret, Norah Nuttall, Pamela Hillier, Maureen Ward, Winifred Mellor, Joan Melia y Kathleen Grundy.

Las mujeres habían fallecido inesperadamente después de la visita del doctor Shipman a sus hogares o al asistir a su consultorio de 21 Market Street, por efecto de una sobredosis de diamorfina que les había ocasionado una depresión respiratoria mortal. Para la fiscalía, iban a juzgar a un asesino en serie que había violado el código deontológico de los profesionales de la medicina.

Por su parte, la defensa trató de establecer ante el jurado que las 15 mujeres habían fallecido por causas naturales o dolencias preexistentes, como lo demostraban las anotaciones en sus historiales médicos a lo largo de los años. Entre los testigos convocados por la acusación, Angela Woodruff fue la primera en testificar. Su manera franca y su determinación de llegar a la verdad impresionaron al jurado, y los intentos de la defensa de Shipman de socavarla no tuvieron éxito.

Marion Hadfield, por su parte, vecina de Marie West, confirmó la presencia del médico en la casa de la víctima al momento de morir, y Elizabeth Hunter corroboró la visita a la casa de Jean Lilly poco antes de su muerte. También, atestiguaron los familiares de las demás víctimas, quienes pusieron en duda las causas de muerte especificadas por el doctor en los certificados de defunción.

Más tarde, el patólogo forense John Rutherford describió sus hallazgos en las autopsias y aseveró que la toxicidad de la diamorfina era la razón de los decesos en la mayoría de los casos. En efecto, había detectado restos del potente analgésico en una proporción que superaba las normas establecidas. Tras ser inyectadas con dosis seis veces mayores a lo permitido, el que dejaran de respirar a los pocos minutos de aplicada la droga era una consecuencia lógica.

El experto calígrafo Michael Allen rechazó la autenticidad de la firma del testamento de la señora Grundy e identificó a Shipman como el autor de las toscas imitaciones de las rúbricas de la víctima. Por otra parte, se demostró que no existían rastros de las huellas digitales de Kathleen Grundy en el papel y que parecía imposible que lo hubiese escrito ella. A su vez, el analista informático John Ashley testificó que el doctor tergiversaba los registros médicos para crear antecedentes de síntomas que sus pacientes no sufrían y que, por lo general, había falseado la información pocas horas de las muertes.

A medida que avanzaba el proceso judicial, el patrón del comportamiento criminal de Shipman se hacía más explícito. Su renuencia a intentar revivir a los pacientes quedó suficientemente demostrada, junto a la artimaña de simular llamadas telefónicas a los servicios de emergencia en presencia de parientes o vecinos y hacer de cuenta que cancelaba la solicitud ante el deceso.

Al presentarse las pruebas en torno a la provisión de medicamentos de los que se valdría para matar, la tensión aumentó notablemente en sala del tribunal: igual que en Todmorden, Shipman había falsificado recetas destinadas a pacientes que no recibían las drogas. Si se trataba de enfermos terminales, prescribía cantidades inmoderadas para quedarse con el excedente después de asesinarles. Gracias a este método, había acumulado rápidamente alrededor de 20.000 mg de diamorfina para su falsa «destrucción», engañando a los familiares que aprobaban el retiro de la droga.

Como era su carácter natural, Shipman tuvo una participación activa en el juicio. Escribía abundantes notas al escuchar a los testigos y frecuentemente daba instrucciones a su abogada sobre los detalles que debía aclarar. La última semana de noviembre subió al estrado en varias ocasiones sin perder el control de sí mismo. Entonces, desaprobó la prueba científica en su contra y, con argucias, quiso justificar las entradas en los registros del ordenador, aunque sus explicaciones resultaron inverosímiles. Procuró refutar gran parte de las pruebas valiéndose de una autoridad que, a todas luces, iba perdiendo ante la falta de confianza que sus actos generaban.

Los indicios en su contra eran estremecedores y desintegraban día a día la imagen del sabio doctor «de los de antes», a la cual Nicola Davies trató de apelar para convencer al jurado. Desde el estrado, Shipman se dedicó a describir los hábitos de sus pacientes o sus antecedentes clínicos, reafirmando los motivos de muerte que figuraban en los certificados de defunción. También, insistió en la adicción de la señora Grundy y explicó que jamás habría aceptado la herencia.

Shipman quedaba atrapado en sus propias mentiras y la reputación que había ganado en más de 20 años se terminó de menoscabar. Sin embargo, enarboló su inocencia hasta el final del proceso y las expectativas de escuchar su confesión se vieron frustradas: todo lo que había hecho era dar el tratamiento adecuado a sus pacientes. Al culminar los alegatos, el desgarramiento de la comunidad de Hyde se ahondó después de conocer al verdadero doctor Harold Frederick Shipman.

Antes de que el jurado se retirase a deliberar sobre el alcance de los hechos, en base a los testimonios y las investigaciones realizadas, el juez advirtió a sus participantes que nadie había presenciado los homicidios. Sin embargo, la tarde del 31 de enero de 2000, tras seis días de deliberación y por unanimidad, los miembros del jurado encontraron al médico culpable de 16 delitos.

El juez Forbes dictó 15 condenas consecutivas a cadena perpetua por los crímenes y una sentencia de cuatro años por falsificación. Dirigiéndose a Shipman, declaró: «A fin de conseguir sus aberrantes y malvados objetivos, aprovechó la ventaja de su condición de médico y abusó groseramente de la confianza de sus pacientes, a quienes asesinó con una perversión calculada a sangre fría». Y agregó: «Ninguna de sus víctimas supo que las conducía a la muerte con la apariencia de la cariñosa atención de un buen doctor. Ha llegado la hora de dictar la sentencia por sus atroces y abominables crímenes».

El médico británico pasaría a los anales de la historia criminal del Reino Unido tras ser declarado culpable. Mientras el público aplaudía, el «Doctor Muerte» negaba con la cabeza de lado a lado sin mostrar remordimiento. A los 54 años, Harold Frederick Shipman fue encarcelado en la prisión de Frankland, en el Condado de Durham y, el 11 de febrero de 2000, el General Medical Council lo dio de baja como médico de sus registros oficiales.

La lealtad de Primrose hacia su esposo permaneció intacta a pesar de la condena y nunca manifestó públicamente ninguna duda acerca de la inocencia ni reveló los secretos de la familia.

Capítulo 6

LA INVESTIGACIÓN SHIPMAN (*«THE SHIPMAN INQUIRY»*)

«**Un hombre extraño y siniestro.**»
DR. ANTHONY BABOOLAL, excompañero de
Shipman en el hospital de Pontefract.

A pesar de que el dictamen de la Justicia pusiera punto final a la carrera criminal de Shipman, los oficiales de la policía sospechaban que el número de víctimas podía superar el centenar con creces y continuaron las pesquisas, aunque se descartó la alternativa de encarar otro juicio. Por su parte, la Secretaría de Estado de Salud anunció el comienzo de una investigación de carácter interno sobre las actividades del asesino con el objeto de evaluar los cambios que se debían implementar en el sistema de salud para garantizar la seguridad de los pacientes en el futuro.

Los familiares de las víctimas rechazaron la medida de una revisión a «puertas cerradas» y reclamaron una investigación pública a la cual toda la ciudadanía tuviera acceso, de modo que las autoridades de salud tuvieron que resolver llevar a cabo una indagación bajo los auspicios de la Ley del Tribunal de Investigación. Después de la ratificación de la medida en ambas Cámaras del Parlamento, en enero de 2001, la jueza de la Corte Suprema, Dame Janet Smith, inició la investigación conocida como *The Shipman Inquiry*, «la Investigación Shipman».

En una primera etapa, la investigación se dedicó a relevar el número de víctimas totales, los medios utilizados para asesinarlas y el período de tiempo en que habían sucedido. Más tarde, examinó el funcionamiento de los organismos responsables de supervisar la atención primaria de la salud y el uso de medicamentos controlados, además de revisar el desempeño de las autoridades en la certificación de defunciones y cremaciones. Por otra parte, evaluó las posibles fallas de la indagación policial realizada en marzo de 1998.

A lo largo de las investigaciones, que duraron hasta 2005, se convocó a 2.500 testigos que brindaron sus testimonios en audiencias orales; se analizaron alrededor de 270.000 páginas de documentación y se solicitó el asesoramiento de médicos prestigiosos para estudiar el comportamiento del asesino en serie a fin de dimensionar los cambios necesarios en materia de salud pública. El trabajo presidido por la jueza Dame Janet Smith costó 21 millones de libras esterlinas.

Elegida por sus antecedentes, la magistrada era una figura carismática en el Reino Unido, ya que en su época de abogada había intervenido en casos de negligencia médica y como jueza había realizado una investigación pública anterior sobre el abuso de niños autistas. Todos la conocían por su compromiso en la defensa de los derechos civiles y los hallazgos de su investigación se plasmaron en la redacción de seis volúmenes de libre consulta. *The Shipman Inquiry* fue mucho más que un minucioso y escrupuloso recuento de los hechos ocurridos: señaló las deficiencias cometidas y aportó recomendaciones para revertirlas.

El primer informe

El 19 de julio de 2002 salió a la luz el primer informe oficial. Después de 18 meses de trabajo, Dame Janet Smith concluyó que Shipman había asesinado, al menos, a 215 pacientes entre marzo de 1975 y junio de 1998 (la primera víctima fue Eva Lyons y la última,

Kathleen Grundy), en las ciudades de Todmorden y Hyde. De las 215 víctimas, 171 fueron mujeres de edad avanzada y 44, hombres. En general, todas mostraban un buen estado de salud y habían sido asesinadas mediante una inyección letal de diamorfina.

Las cadenas de televisión transmitieron las imágenes de las audiencias y el comunicado de los hallazgos: «Nadie que lea el informe de la investigación puede evitar quedar anonadado por la enormidad de los crímenes cometidos. Aunque he identificado a 215 víctimas de Shipman, el número real es mucho mayor y no se puede contar», declaró la magistrada.

Los resultados oficiales que detallaban el proceso de investigación llevado a cabo en cada caso fueron facilitados a los familiares de las víctimas antes de que la noticia apareciese en los medios:

> «Muchos parientes desearían no haber alentado a sus padres a registrarse en la lista de Shipman. Creen que, si hubieran actuado de manera diferente, su ser querido estaría vivo todavía. Esas personas no son responsables de lo que ocurrió en ningún sentido. También están los cientos de pacientes profundamente perturbados, porque Shipman no era el hombre amable, cariñoso y comprensivo que conocían. Ellos también deben sentirse traicionados», explicó la jueza.

Este primer informe investigó 888 muertes correspondientes a pacientes que habían tenido alguna clase de contacto con Shipman, por lo cual ameritaba revisar el motivo de cada deceso para determinar exactamente si el médico lo había provocado. Sin embargo, para la jueza quedó comprobada su culpabilidad en carácter de asesino en solo 200 ocasiones, mientras que consideró que había 45 fallecimientos «muy sospechosos» y 38 de ellos con «escasas pruebas» para incriminarle. El resto de las muertes investigadas fueron clasificadas como ocurridas por causas naturales sin que el médico haya tenido responsabilidad en ellas.

Durante el transcurso de la primera investigación, también se recibió información sobre una muerte ocurrida en el Pontefract General Infirmary en 1973, pero el caso fue cerrado, porque no había pruebas de que fuera un homicidio.

Las familias de muchas personas fallecidas en Pontefract durante los años en que Shipman había ejercido como profesional en las salas de internación del hospital no dejaban de preguntarse sobre la causa de los decesos; vivían en la más grande de las incertidumbres y la duda les corroía.

Recién en 2004, después del juicio de Shipman y dos días después de su muerte, Sandra Whitehead —enfermera residente en el Pontefract General Infirmary entre 1971 y 1974— contactó a la policía de West Yorkshire para trasmitir sus temores. Extrañamente, la mujer había demorado varios años en acudir a las autoridades para comunicar sus dudas en torno al alto número de muertes acaecidas en aquella época, en la Sala 1 del hospital reservada a pacientes femeninas. La fotografía del «Doctor Muerte», publicada tras su suicidio, había resultado un disparador para su memoria, pues hasta entonces, aseguró, no había hallado ninguna relación entre el famoso homicida y el joven de gafas y patillas que ella había conocido en Pontefract y al que todos llamaban Fred.

La enfermera tenía un desagradable recuerdo de aquel tiempo y, de repente, encontraba una explicación para las misteriosas muertes que tanto la habían perturbado 30 años antes. A la luz de los hechos, creía que el médico también había usado medicamentos recetados de manera inapropiada para matar a sus pacientes, ya que a veces había encontrado jeringuillas vacías junto al lecho de las fallecidas.

El testimonio de Sandra Whitehead fue lo último que necesitó la jueza Janet Smith para reabrir la investigación en torno a los certificados de defunción expedidos por el médico en la ciudad de Pontefract entre 1971 y 1974.

El sexto y último informe

El último de los informes de la jueza Dame Janet Smith se publicó el 27 de enero de 2005. En él, la magistrada consideró la cantidad de pacientes que Shipman podría haber asesinado en el hospital de Pontefract. También, evaluó un pequeño número de casos en Hyde, de los cuales se tuvo conocimiento después de la publicación del primer informe. Por último, analizó el testimonio de John Harkin —un ex recluso de la cárcel de Preston, donde el médico había permanecido durante 1999 en prisión preventiva—, quien afirmó que Shipman le había confesado el asesinato de 508 pacientes.

El sexto informe muestra la misma exhaustividad que los precedentes, incorpora una descripción esmerada de las instalaciones del Pontefract General Infirmary y detalla el funcionamiento de las distintas áreas de atención de forma pormenorizada. Como en los procesos anteriores, el equipo investigador llamó a declarar a los pacientes atendidos por el médico que aún estaban vivos, así como a sus colegas de trabajo. En general, conservaban una buena impresión y le describieron como un joven agradable y cariñoso, aunque escasamente comunicativo.

En la audiencia oral, el doctor Jeremy Belk afirmó que su relación laboral con Shipman había sido razonable a pesar de su carácter solitario. Se mostraba muy confiado de su propio juicio clínico y Belk envidiaba esa característica. Sin embargo, en retrospectiva, detectaba cierto dogmatismo e intransigencia. Por su parte, la doctora Diane Gaubert no encontró nada inusual en la práctica médica ni en el comportamiento de Shipman en aquella época; incluso, había continuado el vínculo con él después de mudarse a Todmorden. En especial, habló de una extensa carta que le había enviado, contándole sobre su adicción a las drogas y su tratamiento.

A través de los testimonios, Dame Janet Smith volvió a comprobar la popularidad del médico entre pacientes y enfermeras, esta vez en Pontefract. Sin embargo, el doctor Anthony Baboolal

—había compartido con Shipman la atención en las salas de pediatría y en la unidad de obstetricia—, opinó que era un hombre siniestro. Siempre había percibido en él algún tipo de anormalidad psicológica y no le sorprendía que fuera un asesino.

Finalmente, 137 muertes quedaron bajo la lupa judicial por circunstancias inquietantes. Shipman había firmado un certificado de defunción o una orden de cremación en 133 de los casos y, en los cuatro restantes, los testigos recordaban su presencia en el momento del deceso. Sin embargo, la jueza comprobó que había estado presente en al menos un tercio de los fallecimientos certificados, en comparación con un promedio de 1,6% de otros médicos. Además, un porcentaje inusualmente alto de las muertes había ocurrido entre las seis de la tarde y la medianoche.

En 68 casos, encontró pruebas claras para afirmar que se trataba de fallecimientos por causas naturales, pero otras 17 muertes parecieron preocupantes en cuanto a la intervención de Shipman, si bien las sospechas no eran graves. Probablemente, se tratara de causas naturales, pero observaba una o más características en las pruebas que daban lugar a una mayor preocupación. La lejanía de los hechos no permitió identificar los motivos de muerte en todos los casos y no se llegó a ninguna conclusión en otras 45 muertes. Estimativamente, Shipman podía estar involucrado en causar el deceso de 17 pacientes, pero no dejaba de ser una presunción.

Gran parte de las víctimas eran ancianos y los indicios no bastaron para determinar si eran asesinatos. La investigación concluyó que Shipman, seguramente, había provocado o acelerado la muerte de Edith Mary Swift, Butterfield Hammill y Cissie Macfarlane, a quienes administró grandes dosis de un sedante; aunque no se podía aseverar la intención de matarles. Solo pudo demostrar que las muertes de D. Thomas Cullumbine, de 54 años, el 12 de abril de 1972; John Brewster, de 84, el 28 de abril de 1972, y James Rodhes, de 71, el 22 de mayo de 1972, habían ocurrido en

CJ8198 12·11·98

Imagen de Harold Shipman recién detenido en 1998. La jueza Dame Janet Smith concluiría luego en la Investigación Shipman que había pruebas sobre 215 asesinatos, cometidos entre marzo de 1975 y junio de 1998 en las ciudades de Todmorden y Hyde, pero podrían ser más.

efecto a consecuencia una sobredosis de morfina, por lo que se trataba de un homicidio. Margaret Thompson, de 67 años, fallecida el 2 de marzo de 1971, habría sido tal vez la primera víctima de Shipman, pero las pruebas no parecían ser suficientes y, si bien los fallecimientos de Sarah Hough, en junio de 1971, y de William Turner, en marzo de 1972, eran idénticamente dudosos, no se disponía de la documentación fehaciente como para asegurarlo.

Por estas razones, Dame Janet Smith solo pudo compartir conjeturas acerca de la transformación de Shipman en asesino en serie durante la primavera de 1972, mientras realizaba las guardias en las salas de internación. Dada la coincidencia de horarios, días de los fallecimientos y el *modus operandi* implementado, el asesino podría haber experimentado una obsesión por «acelerar» la muerte de los enfermos terminales aquel año. Como vimos, los decesos de Agnes Davidson, Elizabeth Twhaites y Alice Smith el 14 de abril de 1972 eran muy sospechosos, mientras que el deceso de la pequeña Susan Garfitt, en tanto, permanece como dudoso.

Asimismo, la investigación detectó una serie de muertes que Shipman debería haber notificado al forense. Eran casos en los cuales el paciente había fallecido antes de las 24 horas de su ingreso en el hospital, por lo que, según la reglamentación vigente, el forense podía dar permiso al médico para certificar la muerte tras discutir las circunstancias y, alternativamente, ordenar un examen *post mortem*, si tenía insuficiente conocimiento de la condición del difunto. Sin embargo, Shipman tenía el hábito de decidir por su propia cuenta lo que correspondía ignorando estas normas.

Las conclusiones sobre las actividades de Shipman en el hospital de Pontecraft fueron necesariamente imprecisas por la falta de pruebas y, pese a su buena voluntad, la jueza no logró aportar la información que todos aguardaban. En muchos tramos de su informe, Dame Janet Smith lamentó el hecho de no poder decidir sobre cuáles habían sido las causas de esos fallecimientos. Muchas familias habían cooperado con la investigación con la esperanza de que descubrieran la verdad, pero la expectativa no se había cumplido en muchos casos.

Tenía la impresión de que Shipman a veces cometía excesos en la prescripción de las drogas que medicaba y que había experimentado con ellas, ya que existían señales de que le gustaba probar los límites de ciertas formas de tratamiento, aunque era poco probable que usara drogas opiáceas como lo hizo más adelante. El uso de los medicamentos controlados estaba estrictamente regulado en Pontefract General Infirmary y no hubiera sido fácil para él obtener un opioide a menos que lo recetara oficialmente.

Había otras drogas disponibles en las salas que Shipman podría haber usado con un efecto mortal. En opinión de la jueza, muchos de los pacientes habrían muerto de todos modos, tal vez en unas pocas horas, pero Shipman aprovechaba la oportunidad de probar en ellos la reacción de alguna droga en particular. Después realizaba entradas inusuales en sus registros médicos, que incluían breves comentarios sobre sus muertes. Estas anotaciones eran similares a las realizadas en Hyde, y por las que había sido condenado. Para Janet Smith, Shipman hacía sus «experimentos» durante el turno de la noche, cuando había menos personal médico para observarlo.

En el colofón de su informe definitivo, Dame Janet Smith dice: «Mi conclusión general es que Shipman mató a unos 250 pacientes entre 1971 y 1998, de los cuales pude identificar positivamente 218». En total, 459 personas murieron mientras estaban bajo su cuidado, pero no está claro cuántas de ellas fueron víctimas de sus impulsos asesinos, ya que a menudo era el único doctor que certificaba la muerte.

A partir de nuevas solicitudes, en los apéndices del sexto y último informe se ofrecía un material adicional sobre el estudio de tres fallecimientos ocurridos en Hyde. En consecuencia, se examinó la muerte de Beatrice Clee, Georgina Francis y D. Alfred Wright, y se demostró que habían sido asesinados. Finalmente, el informe rechazó las afirmaciones del prisionero John Harkin por valorarlo una fuente no confiable.

Más allá del número exacto de víctimas, Harold Shipman fue catapultado como el asesino en serie más prolífico de Gran Bretaña. Escondido detrás de su profesión de médico, es casi imposible establecer exactamente cuándo comenzó a matar y a cuántos pacientes asesinó. Para la jueza Janet Smith, «la manera de matar, incluso ante los familiares, y su capacidad para eludir las sospechas se parecían a una obra de ficción».

El General Medical Council debía responder a los resultados de la costosa investigación de cuatro años con un plan para mejorar la vigilancia de la práctica médica. En este sentido, la presión de las demandas de las familias de las víctimas de Shipman fue decisiva y motivó que se tomaran medidas para que ningún otro médico de Gran Bretaña tuviera la posibilidad de seguir su ejemplo. Si bien los asesinos como Shipman eran una rareza, la atención a los pacientes demandaba un mayor control del servicio de salud.

Capítulo 7

EFECTOS SECUNDARIOS

> «[Yo] era un mentiroso confirmado, un tramposo, un falsificador, un asesino... Yo era tan resbaladizo como una anguila.»
> HAROLD SHIPMAN, carta enviada desde la cárcel, en el 2000, donde se muestra indignado por la condena (fragmento).

Tras su condena, Harold Frederick Shipman permaneció en la prisión de Frankland, cerca de la ciudad de Durham, hasta mayo de 2003 y más tarde fue trasladado a la penitenciaría de Wakefield, en West Yorkshire, para facilitar las visitas de sus familiares.

En Frankland pronto asumió el rol de doctor, brindando consejos a los presos y al personal de la cárcel. Inclusive, dispuso un horario de consultas los domingos en su celda. Su obsesión por la medicina parecía intacta; de hecho, estaba preocupado por la lista restringida de medicamentos que el servicio de salud destinaba a los presos, ya que, desde su punto de vista, eran fármacos de inferior calidad. Asimismo, se ocupó de escribir a un miembro del parlamento de Great Manchester para manifestarle su intranquilidad por la calidad de la atención médica que recibirían sus expacientes de Hyde en adelante.

Una parte de su tiempo la destinó a traducir la saga de Harry Potter al sistema Braille para ciegos y a releer una edición de

Enrique IV de Shakespeare que le acompañó hasta sus últimos días. Cotidianamente, comía con desconfianza los alimentos que le servían, ya que tenía miedo de que le envenenaran.

El régimen de vida en Wakefield fue mucho más estricto y con menos privilegios. Los horarios de visita y las llamadas telefónicas se redujeron y tuvo que vestirse con la ropa ordinaria de la prisión; medidas que Shipman vivió como una degradación, porque se consideraba a sí mismo como el hombre más excelso de todos, aun tras las rejas.

La correspondencia escrita desde la prisión permite entrever que estaba desesperado, porque padecía enormemente la separación de su familia. Atravesaba un estado de depresión y lo único que parecía procurarle alguna clase de alivio era ejercer como médico, incluso estando en la cárcel. En su testimonio, Gary Howat —un exprisionero— recuerda los consejos de alimentación que le daba por la diabetes que padecía. Juntos jugaban a las cartas, pero con el paso de los meses le vio apagarse y tornarse silencioso.

El derrumbe del «Doctor Muerte»

El psicoanalista Darian Leader analizó concienzudamente las más de 60 cartas escritas en la prisión por Shipman —conocidas entre 2009 y 2010— y la profunda desazón que sintió cuando le prohibieron atender a los prisioneros de Wakefield. «Parece que no estoy haciendo nada malo. El incidente ha hecho que me venga abajo sin remedio», explica en una de ellas. No debe ser casual que pocas semanas después de que se le negara esta atribución tuviera su primer intento de suicidio colgándose de una toalla.

Finalmente, el 13 de enero de 2004, volvió a intentarlo. Temprano por la mañana, ató un par de sábanas a las rejas de su celda y se ahorcó en la víspera de su cumpleaños. Como no dejó nota alguna, los motivos del suicidio al igual que las razones de sus crímenes, estimularon las especulaciones. Su última carta, fechada en diciembre de 2003, dice: «Prim está molesta por mi degradación. Te deseo una Navidad agradable, Fred».

Muchos creen que se quitó la vida pensando en Primrose, para que pudiera recibir la pensión completa del National Health Service (NHS), a la cual no accedería si él superaba los 60 años. Otros consideraron que lo hizo movido por la depresión que lo atormentaba, pero el hermetismo del suicida dejó librados a la imaginación los motivos reales.

Para el perfilador del FBI, John Douglas, los asesinos en serie generalmente están obsesionados con el control, y matarse bajo custodia policial podía resultar una reacción previsible; así, lejos de constituir una debilidad, su suicidio representaba una demostración de superioridad y omnipotencia.

Algunos periódicos británicos de tinte sensacionalista expresaron abiertamente alegría ante la muerte de Shipman y alentaron a otros asesinos en serie a imitarlo. Fue el caso de *The Sun*, por ejemplo, que publicó un titular celebratorio cubriendo la primera plana con dudoso gusto: «*Ship, Ship, Hoorray!*». Sin embargo, el *Daily Mirror* calificó su muerte de «cobarde» y condenó al Prison Service por no haber evitado el suicidio. Por su parte, *The Independent* pidió que se investigara el hecho para conocer el estado de las cárceles británicas y la calidad de vida de los reclusos. En efecto, en 2005 se encomendó a Stephen Shaw —funcionario del gobierno británico— hacer una revisión del sistema carcelario.

Apesadumbrados, los familiares de las víctimas perdieron las esperanzas de escuchar una confesión que reparara de algún modo la desgracia de los asesinatos: Shipman privó a todos de saber qué lo había impulsado a matar. Para David Blunkett, político laborista de Sheffield, parecía tentador celebrar la muerte, pero carecía de sentido: «Te despiertas y recibes una llamada que te dice que Shipman se ha suicidado y piensas si es demasiado temprano para abrir una botella. Sin embargo, todo el mundo está muy molesto por lo que ha hecho».

Primrose se enteró de la muerte de su esposo a través de la televisión. No imaginaba los planes de Fred: era una familia católica y la posibilidad de un suicidio nunca había estado presente en las conversaciones con él, a pesar de la ruina en la que había caído. Tanto ella como sus hijos confiaban con firmeza en su inocencia, no obstante, solía exhortar a su esposo a que le contara toda la verdad. Sin embargo, el silencio de la familia Shipman ha resultado inquebrantable.

Los restos de Shipman permanecieron en la morgue de Sheffield por un período bastante largo. Su familia temía que le hubieran asesinado y retrasaron su entierro aguardando las pruebas de la investigación. Primrose deseaba enterrarle, pero uno de sus hijos prefería la cremación, el método que el médico había aconsejado para la mayoría de los pacientes, supuestamente, para encubrir sus asesinatos.

Tras el suicidio, adquirió conocimiento público el hallazgo de joyas por un valor mayor a las 10.000 libras esterlinas en el garaje de la casa de Hyde en 1998. Primrose había iniciado el reclamo para que le fueran devueltas, pero la policía solicitó a los familiares de las víctimas que las identificaran para poder recuperarlas y los artículos no reconocidos fueron derivados a la agencia del gobierno encargada de activos robados. En agosto de 2005 la investigación terminó y solo 66 piezas retornaron a manos de Primrose. El resto de las joyas fueron subastadas y las ganancias se destinaron al Tameside Victim Support. La única pieza de un paciente asesinado que regresó a la familia fue un anillo de platino y diamantes, después de proporcionar una fotografía como prueba de propiedad.

El 30 de julio de 2005 se inauguró el Garden of Tranquillity en Hyde Park, el gran parque de la ciudad de Londres. Se trató del primer jardín conmemorativo en homenaje a las víctimas del doctor Shipman.

El 13 de enero de 2004, temprano por la mañana,
Harold Shipman ató un par de sábanas a las rejas
y se ahorcó en la prisión de Wakefield, en West
Yorkshire, a la que había sido trasladado para facilitar
las visitas de su familia. No dejó nota alguna ni
explicación sobre los asesinatos ni sobre su suicidio.

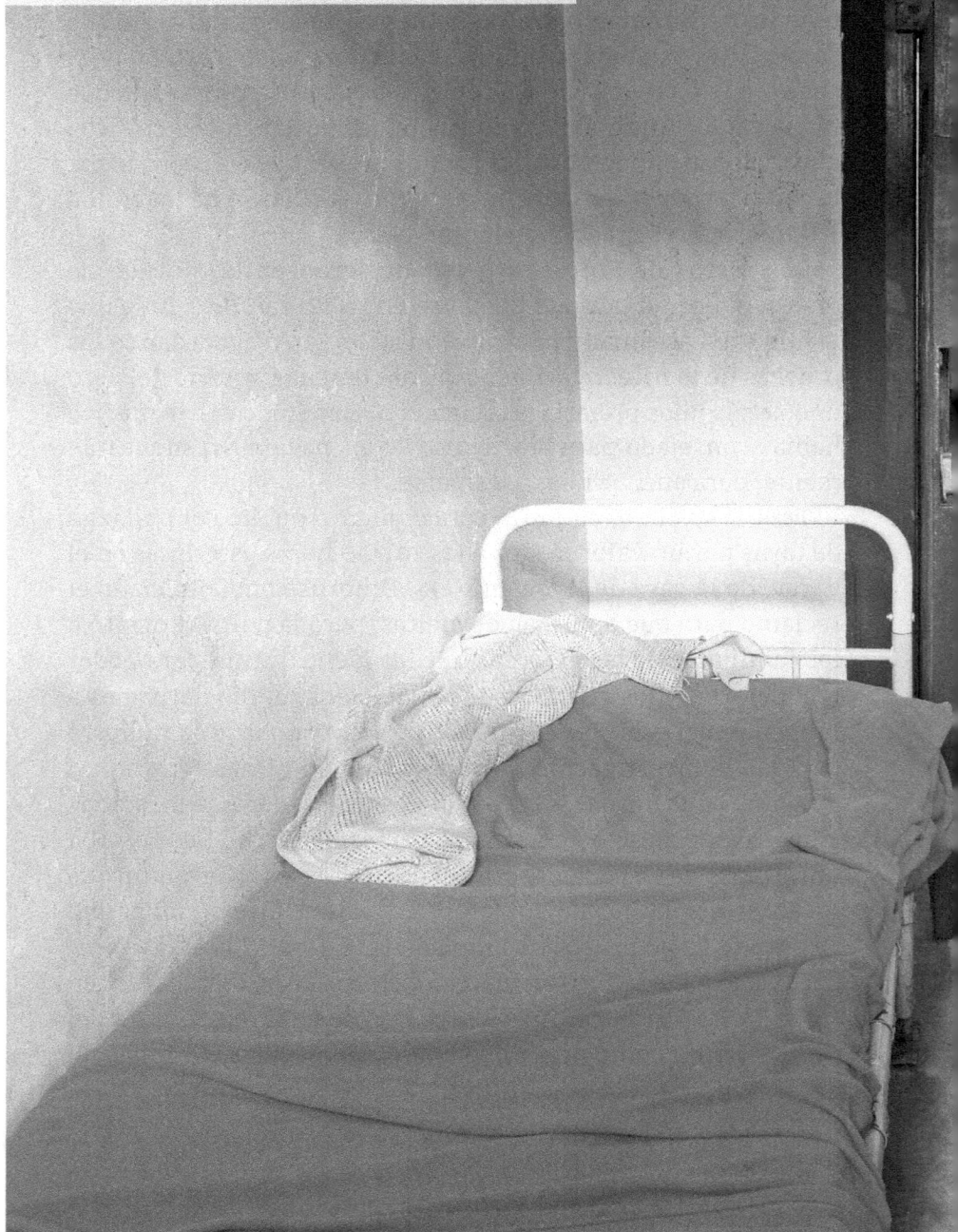

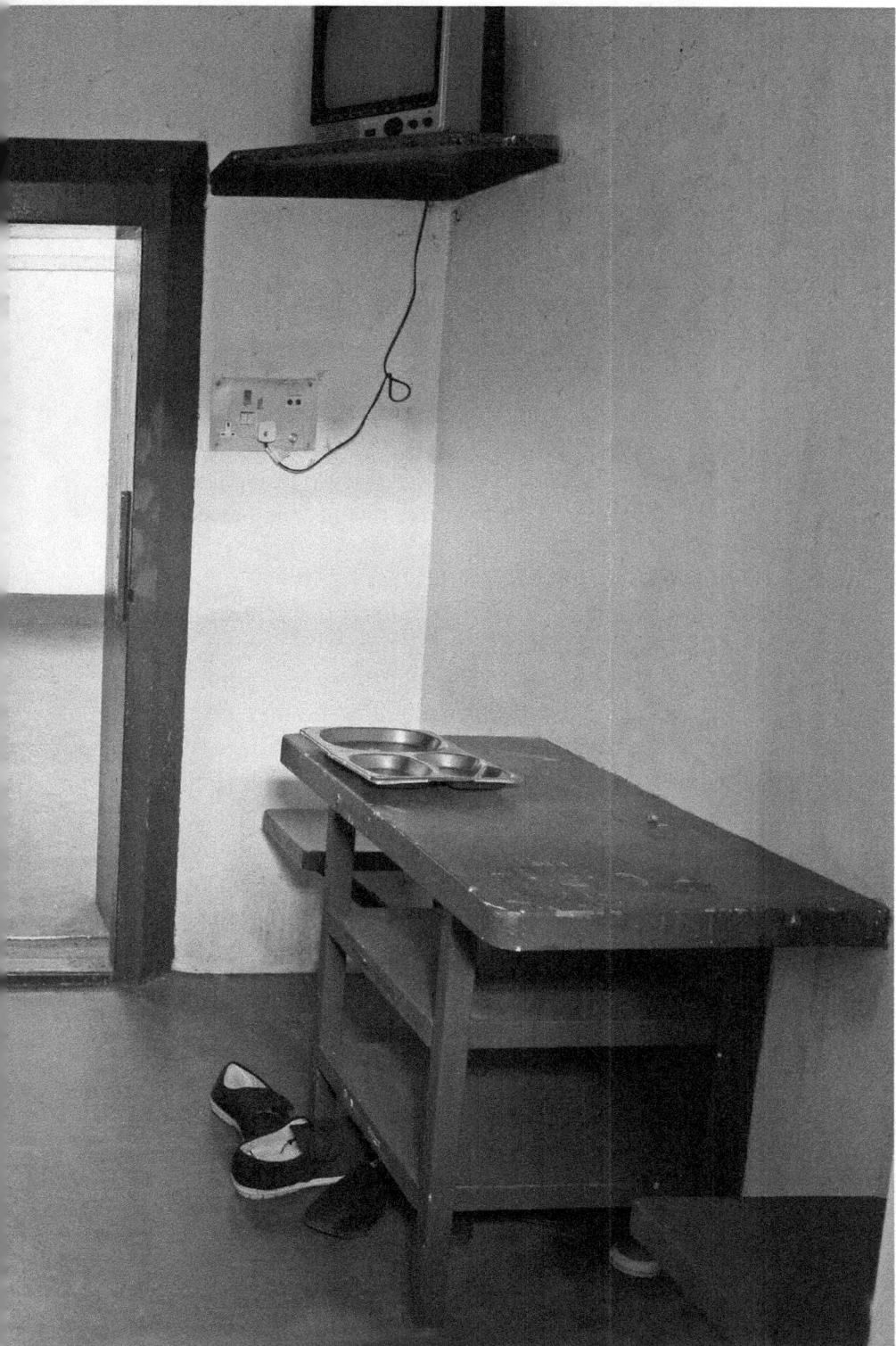

Cambios en el sistema de salud

Gran parte de la estructura legal de Gran Bretaña en materia de atención médica fue revisada y modificada a partir de los crímenes de Shipman. El caso dejó expuestos los problemas en la administración de la salud y la ausencia de garantías en la seguridad de los pacientes. Era preciso llevar adelante un examen meticuloso de los errores y establecer controles efectivos para que las decisiones de los médicos y la documentación que expedían no resultaran arbitrarias.

Estaba claro que se debían gestionar nuevos procedimientos. «Ha sido una trágica falla en los sistemas lo que ha permitido que los crímenes de Shipman permanecieran ocultos durante muchos años; traicionó la confianza de la gente y también a la profesión a la que tan mal sirvió», señaló John Chisholm, miembro del British Medical Association.

El National Health Service tenía la obligación de afrontar la crisis suscitada ante la ejecución de un escandaloso número de muertes y los ciudadanos merecían explicaciones. El encono de la sociedad británica debía ser considerado, lo cual acarreó grandes polémicas y pujas de poder con respecto a la distribución de culpas.

La jueza Janet Smith fue una de las voces más enérgicas. En este sentido, *The Shipman Inquiry* constituye una valorada fuente de información sobre el control de las prescripciones y la certificación de defunciones y cremaciones, además de colocar a los representantes de la profesión médica en el banquillo de los acusados.

La magistrada criticó los comentarios de aquellos facultativos que no asumían su parte de responsabilidad en el drama acontecido: «Fue el hecho mismo de que Shipman fuera un médico lo que le habilitó a matar. Su profesión le permitió emprender los asesinatos sin ser detectado». Según su visión, el General Medical Council parecía una organización diseñada para velar por los intereses de los médicos y no de los pacientes.

Publicado el 9 de diciembre de 2004, el quinto informe pone el acento en cómo se encauzaban las quejas contra los médicos generales. Entre sus recomendaciones, pidió que los forenses estuvieran mejor entrenados y demandó eficaces procedimientos en el uso de medicamentos por parte de facultativos y farmacéuticos. También, aconsejó que se implementasen cambios fundamentales en la forma en que se supervisaba y se revalidaba la aptitud de los profesionales para practicar la medicina.

No era la primera vez que el General Medical Council enfrentaba serios cuestionamientos. En el año 2000, su director ejecutivo admitió que el caso Shipman había dañado la confianza del público en la profesión. En ese entonces, Finlay Scott defendió la decisión de la entidad cuando en 1976 le permitió al doctor Shipman continuar ejerciendo la medicina a pesar de la condena recibida por uso indebido de drogas personales. Era importante reconocer que los asesinatos cometidos por él representaban un hecho excepcional: «El contraste entre el doctor Shipman y el resto de los profesionales de la salud de Gran Bretaña no podía ser más clara. Los médicos proporcionaban atención de alta calidad y lo hacían de manera amable y concienzuda».

La condena del doctor Shipman en 1976 había sido examinada cuidadosamente sobre la base de las pruebas disponibles y, en particular, de sólidos informes psiquiátricos. El comité había tomado la decisión más justa; solo 24 años después parecía un problema mayor. Finlay Scott aseguró que un criminal reservado y decidido era capaz de derrotar al sistema mejor regulado en pos de sus impulsos destructivos. No obstante, coincidió con la jueza Janet Smith que era importante que existieran sistemas locales de vigilancia para observar la práctica de los doctores y asegurar que los problemas eventuales se identificaran y resolvieran rápidamente.

Unos pocos médicos fueron a juicio ante la negligencia de no haberse percatado del accionar de Shipman o firmar a la ligera las cremaciones de algunas de sus víctimas. Así, en octubre de 2005, se celebró una audiencia en contra de dos médicos del Tameside Hospital, en funciones durante 1994, por no detectar que el doctor de Hyde había administrado deliberadamente dosis excesivas de morfina a distintos pacientes. Por su parte, el General Medical Council acusó de mala conducta a seis médicos que firmaron formularios de cremación para las víctimas de Shipman, alegando que deberían haber detectado un vínculo evidente entre las visitas domiciliarias y la muerte de sus pacientes. Todos los acusados fueron declarados inocentes.

El doctor Ian Bogle —presidente de la British Medical Association— estaba horrorizado por los detalles del caso. Era importante que el gobierno y la profesión médica reaccionaran con prontitud. Los actos malignos de un asesino tenían que ser diferenciados con extremo cuidado del desempeño médico de bajo rendimiento.

La asociación de médicos británicos se propuso la búsqueda de una mejor definición de las categorías de «muerte». Era perentorio que existiera la obligación legal por parte de los médicos y de los enfermeros de notificar los decesos directamente al forense. Asimismo, las oficinas de forenses debían ser controladas por médicos calificados en Medicina y Derecho, pero para alcanzar este objetivo, había que realizar mejoras en la educación. Además, era necesario implementar cambios en el sistema de registro de muertes y cremaciones para contar con una mejor recopilación de datos y facilitar el seguimiento de aquellos episodios sospechosos.

El National Health Service (NHS) declaró que los médicos y los pacientes tenían que trabajar juntos para asegurar que un caso similar al de Shipman no se repitiera nunca. El doctor Michael Dixon —representante de los centros atención primaria dirigidos por médicos generales— fue terminante: «Los viejos tiempos de la llamada "libertad clínica total" han terminado. A partir de ahora, los médicos deberán ser capaces de justificar sus decisiones clínicas. Harold Shipman fue algo único. Nunca se había visto a nadie como él».

A partir de entonces, los centros de salud crearon un nuevo sistema bajo el cual los médicos trabajarían estrechamente juntos y se verían obligados a publicar información completa sobre las tasas de enfermedad y muerte, como también los resultados del tratamiento. Por su parte, los denunciantes tenían que gozar de garantías para comunicar sus quejas sin temor a represalias.

En un comunicado, el National Health Service (NHS) anunció la puesta en marcha de una serie de medidas para mejorar significativamente las auditorías sobre la gestión en la atención primaria y asegurar que cualquier lección adicional se incorporara a la gran cantidad de políticas ya estipuladas. Si bien el caso Shipman obedecía a las deficiencias de un médico individual, había dado lugar al replanteo de cuestiones de salud general.

Las reglas de la certificación de defunciones no eran muy estrictas en Reino Unido, y Shipman pudo crear un círculo cerrado firmando los certificados de las víctimas con causas inventadas. Para garantizar la seguridad, el sistema de salud incorporó la figura de un segundo médico con intervención obligatoria. Las condiciones necesarias para la cremación de personas también cambiaron junto con el manejo de medicamentos peligrosos. En este sentido, en los años inmediatos al estallido de la crisis del sistema de salud, se produjo el efecto contrario: se restringió exageradamente la prescripción de medicamentos para el dolor y surgió un período signado por la «opiofobia», en el que se restringió el uso de analgésicos fuertes para las enfermedades que efectivamente lo demandaban.

Puede que ya no se hable en las noticias de los problemas de salud mental que generó el caso Shipman, pero ocurre que todos los residentes de Hyde conocían a alguien cuya vida había sido cruelmente interrumpida. Como un médico general recién calificado en busca de su primer puesto, el doctor Amir Hannan relevó al asesino en serie en el consultorio de 21 Market Street después del encarcelamiento. Era de prever que no tendría un buen recibimiento: ¿por qué deberían creer en él? Y, en efecto, le llevó bastante tiempo que le tuvieran confianza.

El doctor Hannan se esmeró para que los pacientes pudieran acceder a sus registros médicos y entender lo suficiente como para interrogarle cuando leían algo que les parecía confuso. Educar e informar plenamente a sus pacientes se convirtió en su principal objetivo. Además de proporcionar un sitio web con información médica, les animó a descargar una aplicación gratuita recomendada por el National Health Service para acceder a su historia clínica, conocer los diagnósticos con detalle, contar con los resultados de los análisis de sangre y demás temas inherentes a su salud en cualquier momento y lugar.

Hannan se convenció de haber desarrollado un vínculo de confianza exitosa que podía replicarse a nivel nacional para revolucionar la atención sanitaria, empoderar a los pacientes y evitar otra tragedia: «Shipman cometió un grave error al destruir la relación entre el paciente y el médico. Lo que hemos hecho ahora es reconstruir esa relación».

Un vínculo esencial que fue quebrado por el horror de cientos de asesinatos tan incruentos como inexplicables. Un horror que habría comenzado a tomar forma en el mismo momento en que Harlod Frederick Shipman, el «Doctor Muerte», supo que su madre solo podía superar el dolor con inyecciones de morfina.

PERFIL CRIMINAL

Nacimiento: Nottingham, Nottinghamshire, 14 de enero de 1946.

Nombre y ocupación: Harold Frederick Shipman. Médico general en las comunidades de Pontefract, Todmorden y Hyde, Reino Unido.

Infancia y juventud: proveniente de una familia de origen obrero, tuvo la oportunidad de estudiar en las mejores escuelas de Nottingham y acceder a la Universidad de Leeds gracias a su esfuerzo y ambición.

Esposa e hijos: casado con Primrose Oxtoby, tuvo cuatro hijos.

Perfil psicológico: tenía una personalidad adictiva que le llevó al consumo de drogas. Dominado al parecer por el impulso por controlar la vida y la muerte de sus pacientes, se convirtió en asesino en serie. Tenía probablemente una personalidad psicótica y antisocial, aunque otros creen que solo era un adicto al asesinato y un mitómano.

Tipo de víctimas: generalmente, ancianas que vivían solas en sus casas y solicitaban la visita del médico a su domicilio.

Crímenes: la investigación final (The Shipman Inquiry) concluye en que fueron alrededor de 250, aunque se pudieron comprobar 218. La cifra real quizá haya sido mucho más elevada.

Modus operandi: cuando cumplía con la asistencia médica domiciliaria de rutina o en su propio consultorio, inyectaba a sus pacientes dosis letales de morfina, de derivados o medicamentos similares.

Condena: fue sentenciado a 15 cadenas perpetuas por 15 asesinatos, y por la falsificación de un testamento. Se ahorcó en la prisión de Wakefield, en West Yorkshire, el 13 de enero de 2004.

Bibliografía

Clarkson, Wensley. *Evil Beyond Belief: The True Story of Harold Shipman, Britain's Most Prolific Serial Killer.* John Blake Publishing Ltd., 2019.

Clarkson, Wensley. *The Good Doctor. The Shocking True Story of a Profile Serial Killer.* Saint Martin Paperbacks, 2002.

Greene, Liz. *El lado oscuro del alma.* CPA Press, 2003.

Green, Ryan. *Harold Shipman: The True Story of Britain's Most Notorious Serial Killer.* CreateSpace Independent Publishing Platform, 2015.

Harrington, Roger. *British Serial Killers Volume 2: Yorkshire Ripper and Harold Shipman.* Independently published, 2018.

Leader, Darian. *What is the Madness?* Penguin Books Ltd, 2012.

Ritchie, Jean; Whittle, Brian. *Harold Shipman. Prescription for Murder,* Little Brown, 2004.

Serial Killers True Crimen Antology Volume 2, R.J. Parker Publishing, Inc, 2015.

Wilson, David. *A History Of British Serial Killing: The Shocking Account of Jack the Ripper, Harold Shipman and Beyond.* Sphere, 2009.

www.ingramcontent.com/pod-product-compliance
Lightning Source LLC
Chambersburg PA
CBHW060438090426
42733CB00011B/2316